教育 EDUCATION
DISCOVERY 发现

中国教师报 十五周年文丛

重新定义学校

王占伟 著

CHONGXIN DINGYI XUEXIAO

山东文艺出版社

中国教师报十五周年丛书编委会

主　任　雷振海

编　委　（以姓氏笔画为序）

马朝宏　王占伟　白宏太　吴绍芬

金　锐　郑骊君　郭　瑞　黄　浩

梁颖宁　康　丽　韩世文　褚清源

总序：为 1500 万教师而生

15 年前，中国的报业正值黄金年代，中国的教育正处于转型期，基础教育课程改革刚刚启幕。一份为教师而生的报纸——《中国教师报》在北京市文慧园北路 10 号中国教育报刊社的 7 楼应运而生。

从诞生那一刻起，《中国教师报》就携带着理想、激情、责任和变革的基因，始终以简约、清新的风格，为教师代言，为课改记事，为教育开新风。

15 年来，我们不忘创刊时的初心，秉承"零距离贴近教师"的办报理念，"为教师说话，让教师说话，说教师的话"，始终和 1500 万教师一起同行，一直主动走近，走近千千万万一线教师，走进他们的心灵。我们孜孜以求通过手中的笔生产有立场、有态度、有观点、有故事的内容。

15 年来，我们常怀对读者的感恩之心，以公益推进课改，用脚步丈量教育，启动了"课改中国行"大型公益宣讲活动，先后走进了全国 25 个省（自治区、直辖市）100 多个市县区；组织了"全国教育局长峰会""全国课改名校公益游学""创课进校园"等公益活动，备受读者欢迎，树起了教育专业媒体践行公益精神的品牌。

15 年来，我们只做一件事，坚持教师视角和课改立场，用新闻纸建设教育，用课改精神统领内容生产，24 名编辑记者守望教学田野，深耕课堂改革，讲好课改故事。用一篇篇蘸满激情的文字，传递着相信的力量,相信课改,相信未来,相信——"课堂承载未来,教师引领希望",并以此为使命,锻造一家教育专业媒体的性格。

15年来,从"零距离贴近教师"的初心到"让中国教育因你而改变"的宣言,中国教师报以"苟日新,日日新,又日新"的创新精神,通过新闻纸上的内容生产为1500万教师成长赋能。

所有这些,只因一家媒体和一支团队的坚持和相信。有人说,人一生要做的就是两件事:一是做出选择,二是为自己做出的选择负责。一家媒体也一样,当选择了课改立场,贴地而行,就要坚持这份选择;除了选择,还要相信,相信每一位教师都有变革和改进教育的愿望,相信教育一定在不断的变革中向好向美。这种坚持和相信是对中国教师报"铁军精神"的加固,也代表一家媒体的性格和情商。

作为一家年轻的媒体,我们一直努力在发展方式、深度报道上,呈现出教育媒体的专业性和责任担当,呈现出教育媒体人的理性与独立。我们在用一种全新的方式表达我们的媒体价值观——媒体不只是满足需求,更要引领需求;不仅要敢于提出问题,更要能够躬身实践,参与建设。

于是,中国教师报一直在保持着一种独特的媒体表达和行走方式——发现、记录、深耕、建设。我们没有止于发现和记录,还有深耕和建设。深耕和建设是一种姿态,我们的报道不是去批判或指责教育的问题,而是以建设的视角来发现经验、观察现象、传播故事。中国教师报不仅致力于做一线教师的精神家园,更着力打造前沿教育思想的集散地和全国课堂改革的策源地,做专业和精神的双重引领。

有人将《中国教师报》誉为"中国课改报",《中国教师报》成了了解课改的窗口,如果这说法成立的话,应该是读者与编辑记者一起创造了中国教师报的课改时代。

我们所有的努力都是为了让这份媒体的报道更有质感,更有温度,更有立场，都是为了践行"零距离贴近教师"的办报理念。"零距离贴近教师"这句话并不容易做到。它要求编辑记者要有足够的专业能力与一线教师站在课堂上对话。教育媒体人不能做教育变革的旁观者和局外人，不能只满足于做一名"忠实"的教育事件记录者，还应该体现出对教育是非的洞察力和判断力，用未来的视角表达对教育实践的独特观察。

15年足可以串起一段历史。一份报纸的15年，有太多可以回顾的往事，有太多可以回看的文字。中国教师报走过15年，我们依然选择不要鲜花，不设庆典，像10年报庆时一样，过一种简约的生日——通过出版图书来留存一份纪念。不同的是，10年报庆时，我们出版了一本书《教育媒体是干什么的》，而这一次，我们将出版一套丛书，涉及课堂改革、教师专业成长等。这其中有中国教师报已经刊发文章的结集，也有编辑记者的个人作品集，还有读者、作者、编辑、记者共同创作的作品。

这套书是用来纪念的，纪念一份报纸走过的15年。从2017年5月份便开始启动编辑工作，历时一年。在编辑这套丛书的过程中，我们又一次加固了如下的认识——

守望一种愿景：让中国教育因你而改变。

强调一个视角：教师视角。

坚守一个立场：课改立场。

建设一支铁军：一支有信仰的传媒铁军。

开启一种秩序：推动教育专业媒体发展方式转型。

教育媒体是干什么的？中国教师报用自己的田野行动给出了回答，中国教师报不仅仅是一份报纸，更是纸媒、微信端、活动、培训"四位一体"的新媒体。而这个新媒体的灵魂，就是让教育回归到"以人为本"，让教师坚守"课改立场"。

诚者行远，行者常新。《中国教师报》2018年的"新年献词"中曾这样写道："唯一不变的，是我们作为教育媒体人的良知和真诚。真诚地对待每一篇来稿，真诚地与读者互动，真诚地办好每一场直抵心灵的活动，真诚地陪伴一线教师过一种专业的教育生活。"

子曰，"吾十有五而志于学"。心怀敬畏和感恩之心，中国教师报人一直在路上，在学习的路上，在改变的路上，在"零距离贴近教师"的路上……

雷振海

2018年6月

自 序

这是一个重新定义的时代。

时代的发展、教育的转型要求重新定义教育的各种要素：重新定义学校管理，重新定义教师成长，重新定义学生发展，重新定义师生关系……

这些"重新定义"的基础是思维与理念的更新，因为从根本上讲，学校所有问题都是校长心智模式的问题。

人与人最大的不同是思维方式的不同。

如果画一个圆来示意，我们就能这样概括：任何人遇到难题，其思维方式与行为方式无外乎三种情况——第一种思维落点在圆外，其行为往往半途而废；第二种思维落点在圆内，其行为必定事倍功半；第三种思维落点在圆心，其行为必然事半功倍。

思维落点在圆心，就是"君子务本，本立则道生"。

从这样的思维出发，就能生成一个核心问题：校长究竟是干什么的？

在我看来，校长千忙万忙可归结为一件事：带领师生营造育人的文化场。营造好一个育人的文化场，校长的核心抓手是"三建"：建团队、建机制、建标准。

建团队的核心是形成共享的价值观，并发展、成就干部、教师。建机制的核心是从外走向内，让更多的人从他主管理走向自主发展。建标准的核心是从不确定走向确定，让更多人的行为内化于心。

在这些方面，本书提供了大量的经典案例与个性理念。呈现这些案例与理念，不是要人照抄照搬，而是经由这些案例与理念，经由这些工具与手段，生成更多的个性化的理念与案例，成就更多的新时代校长。

"一阴一阳之谓道。"如果说"三建"是向外，是"阳"的话，那么"一修"就是向内，就是"阴"。所谓"一修"，就是修炼自己的心。

作为校长可以审视、反观自己以下三个问题：

一是正能量。学校没办好，是因为教师素质低、生源不好、领导不重视……一些校长往往这样归因。不用问，这样的校长还没有找到个人成长、学校发展之门，因为他们整天活在抱怨中。他们没有真正意识到"好环境、差环境都是修行的道场"。当校长不再外求、抱怨，从负能量的世界跃入正能量的世界，真正的发展就开始了。

二是限制性信念。对于许多人来讲，真正阻碍其发展的并不是自己所归因的那些，而是一种其根本没有意识到的限制性信念。比如：我就是一个基层小学校长，我的目标就是做好上面安排的工作，不出安全问题。这就是一个典型的限制性信念。这样的校长从来没有想过"校长走进学校就是在改变世界"，从来没有想过"成就师生及其家庭"，从来没有想过"成为教育家"……

三是精神岗位。你是干什么的？我是校长。其实，这样的回答往往只对了一半。因为工作岗位＝现实岗位＋精神岗位。现实岗位对应的是教育的实然性问题，精神岗位对应的是教育的应然性问题；前者是硬件，后者是软件；前者是"有"，后者是"无"……

让我欣喜不已的是，现实中知道并看重自己的精神岗位的校长越来越多。

愿与志同道合者共赴使命！

王占伟

2018年5月13日于北京

目录 Contents

第一部分　重新定义学校教育

圣陶学校蝶变的七个谜　　3
心性教育培养经世大才　　13
爱和自由，让师生成为自己　　20
重建小学教育　　34
"心生长"教育新在何处　　45

第二部分　重新定义课堂

重新定义课堂观察　　55
智慧课堂破解大班额难题　　62
走向共创型教学关系　　69
一所没有班干部的学校　　76

第三部分　重建课程

高中德育如何课程化　　83
让课程服务生命　　89

追寻个性化的课程建设	95
创新小学教育	102
中国的帕夫雷什中学	117

第四部分　重新定义德育

三省教育：德育的自我救赎	145
修复学习的欲望与快乐	150
一所靠精神站立起来的学校	169
许衡中学领创了什么	178

第五部分　重建乡村学校

教师职业生命的重建	193
从尚庄小学教改看农村教育困境破解	201
村小如何办大教育	217
赵彬渊：请苏霍姆林斯基一起做校长	223
王红顺：农村课改的义工	234

附　录

如何完善学校内部治理结构	243
学校与家庭教育格局如何重塑	253
如何应对中小学育人新挑战	261
校本课程开发亟待升级思维	265

圣陶学校蝶变的七个谜

震撼、神奇、颠覆!

没有亲眼看到,你不会相信这里发生的一切。

这所学校从小学一年级到高中三年级,没有固定教材;课前无预习,课上无笔记,课后无作业;同样的学习内容,小学五年级考试成绩能超过七年级;初二学生参加中招考试能被当地优质高中录取;高一学生参加全市高中联考(B卷),包揽全市前19名……

缔造这些教育传奇的,是一所地处偏僻山区的农村学校——河南省洛阳市汝阳县圣陶学校。

75岁的教育创客创了什么

王天民,75岁,圣陶学校董事长、校长,退休后不甘心颐养天年,于2005年变卖房产,在家乡小店镇创办了圣陶学校。学校取名圣陶,有三层含义:一是王天民退休前是当地叶圣陶教学研究会副会长;二是王天民深受叶圣陶"教是为了不教"思想的影响,并以这句话作为这所学校的办学思想;三是取意"圣贤文化,陶育栋梁"。

王天民被誉为"教育创客"。他把自己最钟爱的一首诗装裱起来挂在办公桌对面的墙上:"隐隐飞桥隔野烟,石矶西畔问渔船。桃花尽日随流水，洞在清溪何处边。"这首诗隐喻了他的教育梦想——找到教育的桃花源、理想国。从教56年来，他一直为此努力。

作为一名语文特级教师，王天民不仅是语文教学专家，而且精通许多学科教学；因为能够发掘学生身上的自学动力，他的许多学生都是成绩优异者。作为校长，王天民对教师的要求是不安分、敢冒险、异想天开。为此，学校给予教师充分的自主权，教师可以不写教案、不改作业、不看管学生，即使是职称评定，唯一的依据也是教师对学校教育教学理念的掌握与贯彻情况。

"教育应该是育教，育在先、教在后，校长要先育自己再育教师。""每个学生都有天赋。""三流教师教知识，二流教师教方法，一流教师教状态。""教师要做唐三藏，学生要做孙悟空。""越不会教越会教，越会教越不会教。""做无用功比不做更危险。""记在脑子里是财富，记在笔记上是负担。""答对了给1分，答错了给2分；答错了一定没抄袭，不会还敢举手就是勇敢。"……王天民的这些话，看似奇特，却蕴含着独特的教育理念，成为全校教师共享的价值观。

不用教材如何教学

圣陶学校不依赖，甚至完全抛开了教材。"有的教材割裂了知识本身的体系，容易成为教师的绊脚石、迷魂阵。"王天民说，"比如初中数学关于因式分解的内容，八年级上学期学习因式分解，九年级上学期学习用因式分解法解一元二次方程，为什么不放在一起学呢？圣陶学校之所以不用教材，就是为了不割裂地进行教学。"

教学需要循序渐进，但循序渐进就是按教材体系走吗？在王天民看来，真正的循序渐进不是按照教科书的体系安排，而是遵循学科知识体系自身的逻辑顺序。

基于这样的理念，王天民带领教师团队，按照学科知识体系的逻辑，对小学和初中的主要学科进行了重新梳理，并将此作为教学的主要依据。

走进圣陶学校的教室，看到最多的是三种现象：一是学生在讲解，二是学生在分小组讨论，三是教师要么在黑板前抄题，要么默默站在教室一侧。

没有教材的课到底怎么上？带着困惑，笔者听了王天民一节课。

"学数学特容易，3分钟，我让你们会做一道中招试题。"一上课，王天民的这句话让教室里30多个二三年级的小学生和听课教师充满疑惑。

这些孩子来自洛阳知行学校——一所国学特色小学，多数孩子都读了经典国学读本，但数学没怎么学。他们是来圣陶学校游学的，如此数学基础的小孩子，3分钟能做中招试题？

王天民在黑板上画了一个数轴，然后开始问问题。

师：请同学们观察数轴上都有什么数？

生：零、正数、负数。

师：最大的负整数是几？

（孩子们在互相议论的基础上，几经猜测，最终发现是－1。）

师：那么最小的正整数是几？

生：是1。

（孩子们在观察的基础上，最终发现规律，数轴上的数字越往左越小，越往右越大。）

师（指数轴上的数字）："－1的相反数是＋1，－3的相反数是＋3，请问，－2的相反数是几？谁会请举手！"（小手一齐举过头顶，一个从未学过数学的孩子也举起了小手。）

生（齐声回答）："＋2！"

师："这就是2013年河南省中招数学第一题的答案。你们真是学习数学的天才！"（教室里顿时发出了掌声和欢笑声。）

用这样的方式，王天民引导学生发现了什么是相反数、两个相反数和的规律，最终使学生学会了从小学到初中有关数的基本知识。

这个教学片段是圣陶学校抛开教材，按照学科知识体系自身的逻辑进行教学的一个缩影。

圣陶学校不仅抛开了教材，而且打破了年龄、班级界限，将不同年级的学生放在一起进行教学。在学校的一个实验班，近30名学生来自四、五、六年级的8个教学班，他们年龄不一，但学习内容相同。在教师的帮助下，全班学生学的是正三角形的内角和、外角和、对角线等知识。

在圣陶学校，与抛开教材配套的教学秘诀是"单科独进"。所谓"单科独进"，一般以一大周（10天）为单位，在该时间段，教师只教一门学科，比如数学周、英语周、物理周等。王天民介绍，这样的方法可以克服遗忘规律，集中力量打"歼灭战"，懂、会、熟、巧，一气呵成。

无师课堂怎样实现

学生胡少舟2012年进入圣陶学校七年级实验班。初到这个班的时候，他发现这个班除了班主任陈俊丽和一名英语教师外，再无其他任课教师，陈俊丽要负责英语之外的6门学科教学。但他听说陈俊丽是语文教师，对数理化基本是一窍不通。这怎么行？胡少舟找到校长反映情况，王天民说："学习要靠自己，教师只能教会你知识，教不会你自主学习的能力。只有你自己融入学习之中，才能真正领会学习的快乐。"

没有教师，学生该怎样学习？胡少舟和同学以小组为单位，四处查找资料，有时候也向教师请教。就是用这样的方式，他们弄懂了数理化，还自主学习其他各门功课。

一次，几个学生和班主任陈俊丽闲谈，胡少舟说："陈老师，语文内容繁多复杂，不如改行，教数理化吧！"陈俊丽说："我不会呀！"胡少舟说："没事儿，我教你！"此时师生都笑了起来。

"在圣陶学校，学生才是真正的学习主人。许多学校是在教知识和方法，圣陶学校是通过教知识、教方法来教智慧。"胡少舟说。

学习过程中要不要教师点拨？王天民认为，不需要，因为点拨是智慧层面的内容，是"道"的层面，而得"道"在于悟，教师点拨会代替学生的"悟"，学生对学习内容的掌握就停留在知识的层面了。

王天民有一个理论叫"闯山论"：爬一座山，导游引导着，一路讲解。游览者没有了迷路的烦恼，也丰富了知识，却减少甚至失去了游览的乐趣，更失去了探险求胜的豪情。最好的办法是让游览者自己去闯，在无人走过的地方闯出一条路来，即使会迷路，会走许多弯路、错路，或者走上了前人的老路，却拥有了属于自己的路。

王天民还讲述了这样一个真实的故事：一个初三毕业班，学生基础薄弱，相当一部分学生小学、初中不好好上课，初三还不会通分。当时，化学教师请了长期病假，化学课没有教师，王天民便用"直接要鱼"的方法，让学生学会《碳及其化合物》这一章。他对学生提出了这样的要求："教师不讲，全章的检测题及答案发给你们。你们要是学好了，这一章的所有题目全部会做，全班最后一名要考到 90 分，但不准问学校任何人，我就满足你们全班一个愿望，什么愿望你们自己说。"

当时，班里喜欢化学的王怀林说："谁不会，来问我。"有 6 个学习比较差的学生成了他的组员。他面对全体师生发出豪言壮语："我们组保证人人考过 90 分！"最后，师生约定的时间是 3 天后——下个周一上午考试。

王怀林把全班分成几个小组，每个小组由小组长负责。他先教会小组长，然后由小组长教各组组员。王怀林周末在电话里教同学，一次用了27元的电话费。第一次考试,王怀林的小组全部考了90分以上,全班只有一个学生没考到90分。之后又连考了3次,最后38人全部100分。

王天民兑现承诺,自掏腰包满足了全班学生的心愿——请全班学生吃了一顿大餐。自此,这个班的精神面貌和自主学习意识有了显著提升。

无作业如何出好成绩

圣陶学校的神奇不仅在于没有教材,还在于课前无预习,课上无笔记,课后无作业。"做作业是浪费生命,会了不必做,不会做什么?"

一天下午,圣陶学校校园里,小学四、五、六年级310名学生正在进行阶段性考试。内容涉及有理数、方程和不等式、同类项、三角形等知识,既有选择题,又有填空题。据介绍,这套卷子是高二学生胡少舟前一天晚上出的,主要内容是七年级的数学知识。

这样的考试内容,小学四年级学生会吗?"没问题!我七年级时就学九年级的知识了,开始有些不适应,但很快就好了。"胡少舟说。

在圣陶学校,课下没有作业,这样的考试就是作业,王天民称为"作业考试化"。"作业绝不能是简单的重复训练,应该是新瓶装旧酒,让学生永远有新鲜感。"

"开卷练闭卷考"是圣陶学校的教学秘籍之一,是自主学习的核心。整个过程中,教师绝对不能讲,其真正的目标是"任务具体,落实到位,严格检测,适度奖惩"。

与"开卷练闭卷考"配套的是"让学生踏着100分前进"。比如写作文,为了激励潜能生,开始是写够300字就给满分,然后是没有标点错误就给满分,随着学生的进步,不断提高满分标准。

2014年6月,圣陶学校开始着手创办高中部。得知这个消息,九年级学生兴奋不已。然而许多家长，尤其是一些孩子成绩好的家长并不看好这所新高中，他们认为"让孩子在圣陶读高中太冒险"。学生小尚的家长更是对他说，要是在"圣陶"读高中，就断绝父子关系。

迫于父母的压力，小尚选择到当地一所享有盛誉的高中就读。然而不到一个月，已经习惯了圣陶学校自主学习方式的小尚，故意违反所在学校禁令——在学校政教处门口吸烟，被教师发现后"劝退"。就这样，小尚又回到了自己喜欢的圣陶学校。

不上语文课如何能学好语文

没上过有形的语文课，语文成绩却总在县、市联考中名列前茅，学生的思维水平、表达能力也普遍高于同龄的农村孩子。这种看似不可思议的教育现象，在圣陶学校却是一种常态。

胡少舟所在的高二年级共有两个班。无论是全市还是全县进行联考，他的语文成绩总是名列前茅。然而，从七年级到高二，胡少舟所在的班级已经5年没上过有形的语文课了。这背后的秘密究竟是什么？

了解这一现象后，前来考察学习的偃师市一位语文教师不敢相信，拉着胡少舟追问他是如何学语文的。

"字词、语法、修辞等基础知识在七年级之前就过关了。七年级之后，就不怎么开有形的语文课了。"胡少舟介绍。遇到困惑或发现好的话题、社会热点事件等，学生会自发地组织辩论赛、主题研讨等活动，而"生活化的辩论和研讨，不仅能让学生学会做人，而且能提升语文素养"。

"王天民校长经常到班上给我们讲社会热点，引导我们思考。去年，他在我们班讲《孔子大智慧》，每天20分钟，讲了一个半月，这对我的影响很大。"学生胡旭利补充说，"校长还推荐《人间词话》等书让我们阅读。"

几年不上有形的语文课是王天民有意为之,在他看来,真正有效的语文教学只需要做好三件事:阅读、生活、写作。王天民说:"学生必须广泛阅读,尤其是阅读经典;还要有丰富的生活,不能整天关在教室里写作业,要走进大自然,要结合生活中的问题进行经常性思辨;还要按照规律进行适当的写作训练。""按照语文教科书,教师分析段落大意、中心思想式的语文教学,是死的、假的语文教学。我们是在生活中学习语文,是活的、真的语文学习。"胡少舟与王校长的看法完全相同。

如何圆普通儿童的"天才梦"

圣陶学校的学生主要来自两个群体,一是农村偏远山沟上学比较困难的学生,二是留守儿童。由于学生素质较差,如果学校按常规教学,大部分学生考上高中都困难。

在这样的情况下,王天民从2008年开始进行"超常教育"实验。这里的"超常教育"不是一般意义上对天才儿童的教育,而是打破常规,在改革创新中打造特色学校,培养创新型人才。

王天民提出了"先高后低,先难后易"的教学思路,即用"新瓶"装"旧酒":形式上由高到低,内容上由低到高。

教师王国强在六年级数学教学中,按照"由高到低,由难到易"的教学思路大胆实践,直接从初三的学习内容开始教学,学生没有课本,没有练习册。上课时,王国强将精选习题抄在黑板上,让学生"用眼睛听讲——看;用口答题——说;用手操作——演板",真正做到了课前无预习,课上无笔记,课后无作业。期中参加全县九年级统考,全班人均84分。

刘小备等6名八年级学生以社会青年名义报考高中,在因学籍不到期被扣除20分的情况下,仍被县一高录取;学生王喆9岁时,就已经和他所在的五年级实验班一起学完了初中数学和七年级语文、英语,而且成绩优异。三年级实验班已基本学完了五六年级的学科内容和部分学科的初中内容；四年级实验班潘自强等 4 名学生参加县七年级数学统考，均取得了满分。

还有一件令人称奇的事，教师王瑞娥、杜银霞负责的六年级一班、二班，曾用一个月的时间学完了九年级上学期的数学内容。学生到底是怎么学的？带着疑惑，笔者走访了王子恒、张逸、刘鹏超、孙梦怡、王亚璐等 5 名学生。

"我们从九年级借来了哥哥姐姐们用过的包括知识点、典型题的学习资料，然后以小组为单位自主学习，个人遇到解决不了的问题，先在小组、班级内寻求帮助；仍然解决不了的问题，再问老师。"王子恒说。

"你们 5 个人在学习九年级数学的过程中，分别问过老师几次？"面对这样的提问，王子恒的回答是"0 次"，张逸的回答是"10 次以内"，孙梦怡的回答是"15 次左右"……

"在学习九年级数学的过程中，你们的老师讲过几次课？"他们的回答是"四五次"。

在圣陶学校，小学生与初中生同台竞技，早已不是什么新鲜事。现在，学校的超常教育逐渐受到了学生和家长的普遍认可。

了解了圣陶学校的课改之后，河南省偃师市顾县一中校长贾占通带领师生多次前来取经。该校近百名学生自发、轮流在圣陶学校生活、学习，取得了显著成效。贾占通说："许多对学习缺乏兴趣的学生爱上了学习，增强了自信，就像换了一个人。"

仅有一名教师的高中部如何运行

圣陶学校高中部坐落在县城，近 80 名学生，3 个班，只有陈俊丽一名本校教师。然而，陈俊丽并不怎么上课，她主要负责高中部整体工作。

这所"没有教师"的学校是如何运转的？完全是靠学生自主学习和自主管理。学生胡梦涛介绍，各班课程表都是学生设计的，一般是半天一门课。每天早读，各班语文或英语科代表安排诵读任务，以小组为单位落实，班级督查。高中部也有几位数、理、化、英等学科的外聘教师，但他们的"核心职责是解决学生困惑的问题，讲什么是学生说了算"。

谈到如何管理高中部，陈俊丽说："我的工作主要是三项：第一是安全，高中部地处闹市，女生宿舍的楼梯口晚上按时上锁，有专人负责；第二是生活，要保障孩子们吃好饭，尤其是心情快乐；第三是学习，我把学生的学习放在第三位，因为学生都养成了良好的自主学习习惯和能力。"因为许多工作都是由学生负责，陈俊丽工作起来很轻松。

高二文科班学生卢鹏骏，既是陈俊丽的助理，又是学生校长，负责全面工作。他既负责全校上下课的铃声，又负责学校财务，还要负责一日三餐。"负责工作较多，有时会忘了敲钟。"卢鹏骏说。

在这所学校里，还有两个有意思的现象：一是高中部地处县城闹市区，距校门口 50 米就是网吧，但没有学生去上网；二是没有学生谈恋爱，"绝大多数学生都能平稳度过青春期"。

"在学校既自主又自由，有自己负责的事情，有足够的安全感。需要上网查的资料一般都在周末就完成了。没有需要也并不想去外面上网。"胡梦涛如此解释。

至于早恋问题，在王天民看来，学生的生命成长容易在青春期出问题，而圣陶学校的学生之所以能平稳度过青春期，是因为学校的教育让学生的心理成长与生理发育同步发展，甚至是心理成长适当超前于生理发育。

这两种有意思的现象，折射出了圣陶学校的教育品质。

"任何人都是天才，每个学生都有天赋。"这是王天民常常挂在嘴边的话，就是这样一个有着独特教育情怀、独特教育理念的人，让圣陶学校吸引了越来越多的学习者、好奇者。

心性教育培养经世大才

"**读**书做圣贤,立志报家国。"
"传承中华文化,培养经世大才。"
"把学生培养成民族之脊梁、国家之栋梁、百姓之依靠、人类之希望。"

以上三句话,分别是辽宁省大连市太阳谷华夏小学的校训、使命和愿景。

开办不到一年,就能让北京、山东、浙江、吉林、广东等地的高知家长把孩子送到千里之外的幽静山谷里读书,这所学校究竟凭借的是什么?这是怎样的校长和教师团队?其教育有什么独特之处?

判断教育成败的标准是心性

太阳谷华夏小学创办人兼校长李显峰富有传奇色彩:重点大学毕业,在央企工作8年后放弃高管职位,2011年创办大连明德书院,致力于弘扬中华优秀传统文化;为推进中华优秀传统文化在基础教育中的实践,2016年8月创办太阳谷华夏小学。

从央企高管到小学校长的经历,让李显峰对教育的理解与众不同。

"教育的重点在哪里?在心性!"李显峰认为,一个人长大以后,所有美德都是心性的显现，比如慈爱、自信、克制、淡泊、乐观等；所有问题也都是心性的显现，比如贪婪、投机、胆怯、冷漠等，这些直接影响人的发展。"由此可见，一切问题都出在心上。如果对基础教育的成败得失有唯一判断标准，那就是心性！"

李显峰举例说，一所学校曾举办过一个武术班，经过一两年训练，孩子们个个身手不凡，到处参加表演，赢得了掌声和光环。就在这时，班主任却痛下决心把武术班停了。对此，许多人不能理解，班主任心里却非常清楚，因为在表演中，他已经看到了孩子们无法遏制的炫耀与浮躁，而浮躁会害人一生。

在明德书院里，前来找李显峰解决困惑的大部分是子女教育出问题的家长。这让他日益深刻地认识到，在不能关注心性成长的教育环境下，分数像一把刀，把许多孩子割得遍体鳞伤，孩子们厌学、自卑、叛逆，甚至罹患心理疾病……这样的教育很难走向未来。

"如果给小学一二年级学生和大学生各拍一段视频对比一下，能看清楚很多问题。"李显峰说，一些小时候朝气蓬勃的孩子，后来变得沉默寡言；小时候天真纯朴的孩子，后来变得心事重重；小时候自信阳光的孩子，后来变得自卑胆怯；小时候乐于助人的孩子，后来变得麻木冷漠……

李显峰喜欢读《学记》，每每诵读都激动不已。《学记》描绘的情景让他颇为向往："一年视离经辨志，三年视敬业乐群，五年视博习亲师，七年视论学取友，谓之小成；九年知类通达，强立而不反，谓之大成。夫然后足以化民易俗，近者悦服而远者怀之……"

"教育要培养经世大才，大才化民易俗，造福一方。"这是李显峰的教育梦。

当教师最难的是"不动心"

"我的手中捧着学生的明天,我的肩上扛着民族的希望,我的心中装着祖国的未来。我将全身心地投入我的工作,面对所有孩子,热爱他、唤醒他、启迪他,满怀希望,永不放弃!我立志终身从教,为莘莘学子的明天,为中华民族的复兴,为人类文明的进步,倾尽毕生之力……"

2016年8月,在学校"开笔礼"现场,教师们流着热泪庄严宣誓,感染了所有学生、家长和嘉宾。

与其他学校不同,太阳谷华夏小学的教师不是招聘的,而是李显峰的追随同行者。

金爱颖,在德国留学5年,回国后成为一家合资汽车发动机厂的工程师。一个偶然的机会,金爱颖听了李显峰的一堂课。从此,只要李显峰在大连讲课,金爱颖便是最用心听课记笔记的学生。7年前,"学习笔记摞在一起已超过半米"的金爱颖辞职,加入明德书院。

金爱颖觉得自己很幸运,因为"有一个老师引领着向前走,有一个好的团队可以跟随"。成为太阳谷华夏小学的教师后,金爱颖深深爱上了教育。她说:"无论什么样的诱惑都不能让我偏离真教育半步。"

于海英,原本是公立学校的优秀教师,从教28年,带班"很出成绩",然而,自己的孩子却很叛逆。家庭教育的挫伤让于海英的身体健康也出现了严重问题。为了解决孩子和自己的问题,于海英走进了太阳谷华夏小学。这个过去"两个孩子争吵,各打20大板"的教师,明白了什么是真教育。"我到学校与其说是教学,不如说是修身再造。"于海英说。

明明是于海英班上的一名学生。父母离异给明明的心灵造成了伤害。一天下课,明明找到于海英哭着说:"老师,我想爸爸了,他是不是怕我要生活费才不敢见我!我不要生活费,我只想让他抱一抱我。"

面对哭泣的孩子，于海英不想在孩子心中种下仇恨的种子："好孩子，也许爸爸有自己的难处，老师一定找机会与爸爸沟通。但不管怎么样，你一定要体谅他，你一定要做好自己，让爸爸为你骄傲！"

一番静静的拥抱之后，于海英为明明擦干脸上的泪水，看到了孩子脸上的坚毅。

与金爱颖、于海英相似，太阳谷华夏小学的教师们都有自己独特的生命故事，他们最大的成长来源于心灵。

做教师最难的就是不动心。这是学校教师们的共识。"多数情况下，教师容易心随境转。孩子听话，我们喜欢；孩子顽劣，我们生气，眉头就不知不觉地皱了起来，声音也严厉起来。"李显峰说，"你觉得这一切都发生得很正常，可是有没有看到孩子们眼神里流露的不安？有没有看到孩子心灵上又多了一道畏惧、迎合、疏远的伤痕？"

面对学生，教师肯定会有烦恼、焦虑、困惑，但这正是教师磨炼心性的好机会。在李显峰看来，教师、家长认为是孩子挑起了他们的情绪，这是一个假象，真相是"自己的心力不足"，能明白这一点，教师、家长才能从情绪中慢慢安静下来，"每天孩子都在给我们出考题，等我们考过了，孩子就变了"。

李显峰提醒教师"不要落入评判的陷阱"：看到孩子身上出现某种问题时，习惯性开始进行评判，你怎么这么不争气？你怎么就不爱写作业？你怎么总是没有礼貌……这些评判意味着给孩子贴了一个标签，不仅不能解决问题，而且往往使问题加剧。

他给教师的建议是"见错说对"：坐姿歪斜，说坐姿端正；见同学矛盾，说谦让友爱；见走路不整齐，说走路整齐……

没有坏孩子，只有心灵受伤的孩子

学校餐厅就餐，也表现出许多不同之处。餐厅门口有两男两女 4 名学生为所有进出的师生掀门帘，并向他们鞠躬问好。餐厅内，打菜、盛汤、分餐的不是餐厅师傅，而是学生。就餐以班级为单位，每个班级学生都有自己的固定位置；所有学生都打好饭坐定后，由值日生带领共同唱诵感恩词，然后才开始吃饭。就餐全程止语，因此餐厅非常安静。用餐完毕，每个学生洗刷完餐具还要经过值日生检查，检查合格的餐具才能放到指定位置。

据教师关锋文介绍，学校餐厅目前仅有两位厨师，他们只负责做饭。从洗碗、打扫餐厅卫生，到洗菜、打饭，都由学生轮流负责。

在太阳谷华夏小学，这些仅仅是学生习劳课的一部分，此外还有农耕、种植等，也全部由学生负责。

这些都是李显峰专门设计的，因为在他看来，收拾厨房、清洁地板、种庄稼都是在养心。"习劳不是为了习劳，吟诵不是为了吟诵，演出不是为了演出，这都是心性教育。"

前不久，太阳谷华夏小学还进行了为期一周的游学活动，先是走进山东曲阜，后来到北京观看天安门广场升旗仪式，采访老红军，走近三军仪仗队……然而，参加游学是需要海选闯关的，这个过程让所有孩子的内心都得到了成长。

一位家长在日记中这样写道：儿子第二轮被淘汰，但第四轮经过自己努力，终于打通了游学之路的关卡。这个只有 7 岁多的小小男子汉，不怕困难，不怕挫折，面对压力，不是哭泣，而是寻求办法，挑灯夜战，成功"复活"。更让人欣慰的是，他带同学回家来，却一直不分享他胜利的消息，直到同学上洗手间，才凑到我耳边悄悄说："妈妈，我通关了！"

原来他的同学没有通关，孩子怕同学伤心，忍住没有说。孩子长大了，知道努力、成功很重要，知道顾及别人的感受更重要。

闯过4关即将外出游学的孩子被分成5个大组进行拓展训练，其中有一项为"生死抉择"：40名游客坐在船上游玩，船触礁就要沉没，只有5人可以乘直升机活着离开。每个人手中有3票，可以投给最应该活下去的人，也可以投给自己，票数的多少意味生与死的抉择。

游戏开始，40个孩子异口同声地要把关乎生死的票全部投给老师。实在拒绝不了的情况下，老师退出游戏。最后，大部分同学都把票投给了年龄最小的同学，但没有一个孩子把票投给自己。最小的同学要乘坐直升机离开时，抱住了哥哥姐姐失声痛哭，哥哥姐姐们也泪流满面，一遍又一遍嘱咐弟弟妹妹照顾好自己……孩子们完全进入了角色，这场看似游戏却又充满意义的生死抉择闪耀着人性的光辉。在场的每位老师都为之动容……

没有坏孩子，只有心灵受伤的孩子；没有坏孩子，只有心性受到污染的孩子。这是李显峰的口头禅，也是融入华夏教师骨髓的一句话。

宁宁，一个白净又文静的男孩，在之前的学校坐了4年冷板凳，心灵严重受伤。他把自己封闭得死死的，拒绝看、拒绝听、拒绝说，用这种方法与外界隔绝……

刚转到太阳谷华夏小学时，宁宁给老师的感觉是"根本不在状态"，上课不看老师，总趴在桌子上……然而，于海英惊奇地发现，宁宁似乎什么都会，做题又快又准，经典背诵、默写也一字不漏，一字不错。随着自己的优势一点一点地被挖掘出来，宁宁越来越自信，以前从来不敢在人面前说话，更不敢发言，现在能主持全校的升旗仪式，声音洪亮，情感激扬，语言流畅。

越走近宁宁，老师们越被他内心的善良、纯净所感动。每个周末，宁宁都带着他的小妹妹到小区的周边捡拾垃圾、清理狗粪便，有时去公益送餐，义卖挣钱捐给敬老院和贫困地区……

四年级栋梁班学生然然来自吉林，父母都是大学教师，抱着试试看的态度送女儿到太阳谷华夏小学试读。10天后中秋节放假，然然就被爸爸扣在家里不许回来，因为爸爸舍不得孩子住校。"爸爸，让我回学校吧，我喜欢那里。"9岁的然然成功说服了爸爸。

第二天清晨，然然和妈妈有这样的对话："妈妈，我昨晚一夜都是浅度睡眠。""为什么呀？""今天就能回华夏了，兴奋呀！"……

在那里，这样的故事还有许多，天天都在上演……

"心性教育不是一个单独的学科，它像水，融于面就做成了面点，融于米就煮出了米饭，融于树就结出了花果。我们的心性教育，就是以梦想点亮梦想，以心灵呵护心灵，以行动引领行动，以人生成就人生。"李显峰说。

爱和自由，让师生成为自己

这是一所不一样的学校！

这是一所办真教育的学校！

这是一所真正的教师发展学校！

洛阳市西工区西下池小学（以下简称西下池小学）——一所位于城乡接合部的都市村庄里的小学，学校600多名学生中90%是外来务工人员子女。

学校共有29名教师，平均年龄还不到30岁，50岁以上的3名，30岁至45岁的8名，其余18名都是25岁左右的新教师。这29名教师中还有13名是代课教师。

但就是这样一群年轻的、缺乏人生经验和教学经验的人，在短短几年内，无论是专业水平还是心理素养水准，都达到了一般教师难以企及的高度。

让这样一所学校发生蝶变的是"爱和自由，让师生成为自己"的核心办学理念的发酵，是共同的教育信仰的真正形成，是独特的教师成长文化的创生……

帮助教师把自己的内在建设好

西下池小学的教学楼上有一行醒目的大字：此生你唯一可以做的事情就是成为你自己。基于美国人本主义心理学家罗杰斯的这句话，李艳丽校长和她的团队提炼出了学校的核心办学理念——"爱和自由，让师生成为自己"。李艳丽校长和她的团队认为：人生命的根本动力是成为自己。一个人唯有做真实、独特、精彩的自己，才能成为完整的、丰富的、内在有力量的人，才是人生真正的价值所在。

在李艳丽看来，很多人生活在情绪之中，纠缠在关系里面，一切烦恼由此而生。一个教师如果不能把自己的内在建设好，很难想象他能把学生带好，更不用提教育了。

每学期初，西下池小学的教师都要从两个方面各写一份个人成长计划：一是专业成长计划，二是心理素养提升计划。心理素养的提升主要是情绪、感觉、心理、认知等内在的内容。教师每学期至少要读两本书，一本是教育教学专业书，一本是自己喜欢的人文或心理类书籍。

每周五下午是西下池小学多年来雷打不动的集体学习时间。学校选择集体学习内容的标准是：有打动心灵、让人有所悟的感觉。

几年来，从央视《百家讲坛》的主讲人于丹、康震、钱文忠、曾仕强，到心理学（专）家艾克哈特·托利、罗杰斯、毕淑敏、武志红、张德芬，再到教育心理学（专）家蒙台梭利、皮亚杰、孙瑞雪……这些大师、专家的视频和书籍陆续进入西下池小学教师的视野。在向大师学习的过程中，教师们不断解决着自身关于焦虑、恐惧、愤怒、内疚、忧伤、嫉妒等情绪问题，不断地觉察着自己的内心，不断地发现着自己真实的感觉。

"这是一个向内寻找、反求诸己的过程，也是一个发现自己、懂得自己、接纳自己乃至实现自己的过程。最终大家共同来到这个充满魅力的精神世界，彼此懂得、彼此接纳。自己有价值、有尊严地活着，也容许别人有尊严、有价值地活着，相互不是纠缠，而是尊重。"李艳丽说。

每学期末，拥有国家二级心理咨询师资格的李艳丽校长都会单独和每位教师做一次交流，主要是根据个人成长计划谈本学期的成长。这样的谈话更多是心灵的沟通，以内在建设为主，以技术性的专业指导为辅。其目的还是要大家谈出相互间的感受，建立真我的联结，获得相互的鼓励和促进。这其实更像是一次次的心理咨询与心理治疗。通过谈话，教师得以减压，把注意力更多地放在对自我内在的觉察上。

一切改变都是从自己改变开始的。读了张德芬的《遇见未知的自己》后，"外面没有别人，只有自己"（所有外在事物都是人内在投射出来的结果）这句话烙印在了李莹莹老师的精神深处。"读张德芬和孙瑞雪的书，让我认清了情绪的来龙去脉，让我学会了爱自己。因为自身的发现与改变，我感到身边的人和事物变得美好起来，自己有了一种重生的感觉。"李莹莹老师由衷地说。

帮助教师建立共同的教育信仰

让教师在持续不断的读书、写作、论坛交流中理解教育并建立共同的教育信仰，是西下池小学整体改革的最关键举措，也是李艳丽校长让教师获得发展最有效、最朴素的举措。

共读和交流有精神高度的书籍，让学校成为师生共同成长的精神家园，成了西下池小学教师团队共同的教育信念，也形成了主张"爱和自由"的教育文化。

"我们要做孩子精神上的仆人而不是主人。""儿童内在有一个精神胚胎，这个精神胚胎有一种特殊的能力帮助他认识世界，有这种特殊的能力的阶段叫作敏感期。""让儿童按精神胚胎的内在规律自然发展,他一定会成为人才。""学生需要的不是加工和塑造,而是生长和成熟。加工和塑造强调外在的力量,生长和成熟重视内在的可能和自为。"……这些理念已经成为西下池小学教师们共同的语言密码和教育信仰。

每学期末全体教师参与的读书报告会是西下池小学的大事,主要是教师针对本学期的读书、成长谈个人感悟,要求教师制作课件,脱稿演讲30分钟。

教师们在自我学习、自我反思、自我历练、自我展示中,深化了对"爱和自由"的认识,形成了对"爱和自由"的深度共识:"让我的爱,像阳光一样包围着你,而又给你光辉灿烂的自由。""我爱你就是因为你是你,不因为任何原因。不因为你故事讲得好,不因为你考试考100分,不因为你今天做了什么事情,而因为你本身,你本身就足以让我来爱你了。这就是生命的至尊状态。"

年轻的美术老师王岑在其《心灵小记》中这样表达了她对爱的深刻认识:"我们所做的一切,都是为了索要爱!因为我们都是缺乏真爱的孩子,我们从别人或是父母那儿几乎没有得到过真爱,因为他们也没有得到过,父母的父母就是那样对他们的,所以他们也这样对我们。不过没关系,现在我们看到了爱和自由的希望……爱你,只是因为你是你,不因为你做得好或不好,没有条件。孩子,无论你是一身干净,还是满身灰尘,我都爱你,并会微笑着迎接你。"

"孙瑞雪老师的每次讲座都能震撼到我,我想这也是一起学习的每位老师的感觉……如果你想让孩子成为他自己,你必须给他一样东西,那就是自由。自由就是让儿童做自己的主人:做自己身体的主人,做自己情绪的主人,做自己感觉的主人,做自己认知的主人,做自己精神的主人……当孩子内心成长起来时,学习根本不是问题。"四年级语文老师郭宏宇说。

"读书报告会的真正意义在于,它带给大家的是对教育更深入的理解和对他人的接纳与认同。在这个过程中,教师们都明白了教育的真谛:每一个孩子都是有价值的,都是值得爱的;每一个生命都是值得敬畏的,都有着无限的可能,只要教育者能给予他们真正的爱和自由。"李艳丽说。

基于对爱的深刻理解,西下池小学的教师们都懂得如何向孩子表达爱。简单地说,爱的表达通常是三段式的:一是给情绪命名,二是允许情绪发生,三是表达爱。比如,有一个愤怒的孩子来到你面前,你首先要说"你看起来很愤怒",他就明白自己现在的感觉是愤怒;然后允许他的情绪发生,告诉他说"你想发脾气就发吧"或"你想哭就哭吧";最后表达爱,"我陪着你,我爱你"。这样,孩子就能自己去处理他的情绪,更重要的是,他会把事件本身跟自己区分开,这样他就不容易压抑、否定自己,因为他知道人的价值和事情的对错是分开的。

让教师完整地成长

在西下池小学,李艳丽明确提出了"完整成长"的教师发展理念。让教师完整地成长,就是要以人为本地关注教师的"全人",提倡"全人成长"。所谓"全人"是指教师整个人,关注教师的"全人成长",就是关注教师作为生物的人、生活的人、社会的人、家庭中的人、教育人的人等全方位的成长。

为此,学校提倡并帮助教师在专业发展之外实现"五要":要多一点兴趣爱好,以开阔视野,丰富人生;要多一点闲情逸致,以陶冶性情,优雅从容;要多一点运动与养生,以健康体魄,享受人生;要多一点宽厚心境,以与人为善,和谐相处;要多一点社交技能,以善于沟通,愉快交往。

西下池小学允许教师临时请情绪假，允许教师打电话请假，允许教师因公交车原因迟到，允许怀孕教师雨雪天"旷课"，充分考虑到了教师作为个人、社会人、家庭人、需要生存的普通人的成长要素。

王岑老师非常赞同孙瑞雪在《爱和自由》中所说的一句话："人的发展应该是全方位的。人与人的差别在于对世界的感觉，你的感觉越细腻、越丰富，你的生命状态就会越好。你的感觉越粗糙、越简陋，你的生命状态就会越差。"

她认为，"培养完整人的时代到来了"：孩子们生活和学习的物质环境比以前有了很大改善，但精神环境、心灵成长的环境却还处于一个贫瘠、匮乏的状态。教育应该好好关注学生精神的需求和心灵成长，为孩子创造一个"爱和自由"的教育环境，以迎接"一个完整人的时代到来"。

"西下池小学是一个生命力超强的地方，我来西下池小学工作一年，共读了19本书。这样的环境对我们每一个需要成长、渴望成长的人来说，都是一项极好的福利。感谢学校让我学会了自我觉察，并且有了自我成长的能力。"王岑说。

让教师成为自己

人生命发展的根本动力是成为自己。人本主义心理学家罗杰斯认为：所谓自己，就是一个人过去所有的生命体验的总和。如果这些生命体验是我们主动参与的，是我们自己选择的，那么不管生命体验是快乐还是忧伤，我们都会感觉是在做自己。对于罗杰斯的这些观点，李艳丽深感认同。

现实的教育教学工作中，大多数教师是在为领导、学生、良心、饭碗工作，在为这个社会评价体系中的诸多要求活着，唯独不是为自己活着,鲜见积极、平和、内在有力量的人。在李艳丽看来,这正是教育的问题所在。实际上,每个人的内心都有真我存在。教师培训唯有让教师的内在得到整合与构建,进而认识自我、接纳自我,最终才能成为自我,创造自我,也就是说,那个代表着爱、喜悦与平和的真我才会显现并发挥作用。

"这么多年的教师培训,带给我和教师的最大感悟是:只有给予教师真正的爱,即深深地理解和接受、无条件地接纳与关注教师,准许他做真实的自我,让教师认识自我、接纳自我、成为自我,把自己的内心建设好,真正的教育才有可能实现。因为你不可能让一个不懂得真爱的人付出爱,让一个一辈子住在监牢中的人明白什么是自由。"李艳丽说。

用生命的价值体系去爱孩子

洛阳市西工区西下池小学教育的主题词是"爱和自由",学校所做的一切都是为了爱和自由。

其背后的教育哲学是:儿童不依靠成人塑造,而是自己创造自己;儿童不是教出来的,而是自己成长的。真正的教育,应该是由孩子自己来完成自我创造,成人只是创造环境,协助孩子。

在校长李艳丽看来,现实生活中人们往往用物质财富的多少、社会地位的高低等来评判一个人,这个评判系统是社会价值系统。在社会价值系统以外,还有一个生命价值系统,这个系统包含的应该是:爱、尊重、自由、平等。生命需要在这样的价值系统中发展。面对孩子,引导者必须用生命价值系统来评判。

西下池小学的老师们曾分享过这样一个案例:一位局长回家后面对孩子,仍然是局长的角色——他的世界极度狭窄,把社会角色认定为自己的全部。他将工作模式带到家里,导致孩子出现了自闭倾向。所以,

"教育的世界里没有局长,只有老师和学生、父母和孩子"。

李艳丽认为,学校的工作就是给儿童创造一个好的发展环境,这个环境真实、自由、美好、自然。其中一个关键因素是老师,老师是最主要的环境营造条件。环境必须是有生命的,老师必须追求自我成长。老师如果一成不变,就不可能给儿童创造一个有生命的环境。

西下池小学阅览室的墙壁上醒目地写着这样一句话:一定要读书,不读书而观察生活等于零,没有文化,就没有消化生活的胃。学校引导教师在读书、思考、交流中,形成共同的教育信念,提升精神境界。

肖萌老师这样说:"我以前的教育方式是让学生跟随自己的情绪,这必定会打扰孩子的生命成长,现在则更多的是感知学生的感觉。孩子的学习、成长,孩子的一切体验,我都替代不了。当孩子遇到问题时,我能做的是陪伴而不是代替。我经常对孩子说,'我想知道你希望老师能为你提供什么帮助?'教师应该是孩子成长过程中最贴心、最安全的陪伴者。"

张学争老师讲了一个他和小外甥的故事。他和小外甥因对一个电视节目情节认识不同而争论起来,小外甥非要他同意自己的看法。张老师平静地说:"我和你不一样,你有你的看法,我有我的看法。我爱你,但我不一定和你的看法一样,我和你是不一样的人。"

"'我和你是不一样的人'意味着成人的认识和思考代替不了孩子的认识和思考,孩子认识世界必须通过自己的眼睛和头脑;意味着认可人与人之间的界限和差异。"张学争说,"一旦你把孩子不被你接受的行为看成是'缺点',必须'纠正',你就把孩子放在了你的对立面,把他当成了你的'假想敌'。一旦你对孩子所谓的缺点宣战,'你就把孩子推向了自卑的深渊'。"

让孩子在自由与规则中锤炼品格

西下池小学的校园里有 5 个秋千，课间学生荡秋千时，有一个有趣的现象：每个秋千架的侧前方都有学生排队。等待荡秋千的学生要排队，而且当有人排队等待时，荡秋千者一次最多只能荡 30 下。这是该校学生荡秋千的规则。

在西下池小学，绝大多数学生都明白"要享受荡秋千的自由，就必须遵守相应的规则"，遵守规则后才能有真正的自由。小小的秋千成了"自由与规则"教育的有效资源。

李艳丽认为与"爱和自由"相对应的，就是"规则与平等"。共同遵守基本规则，于人类社会来说，意味着每个个体拥有了自由的最大保障。而对教育来说，帮助孩子建立界限意识，是让他们自由、独立成长的基础，是帮助他们建构自律的品质。规则可以用来厘定界限。人性的界限有两种，一种是自己和别人的界限，一种是过去和现在的界限。学校中教育的界限既有人性的界限（教育的根本），也有课堂、各类活动的界限。界限不仅体现在教师个体和学生个体间，也体现在学校生活的每一个层面。

西下池小学有一些需要共同遵守的基本规则：粗俗、粗野的行为不被允许；别人的东西不能动；不打扰别人；做错事要道歉；学会说"不"；用拥抱表达爱；等等。

"当我站在黑板旁边的时候，我要面向大家，声音洪亮，清晰地说出我的见解。""我拖完地后，要把拖布冲洗干净，把水拧净，然后挂在教室后的墙上。"……西下池小学教室的墙壁上，写的不是"热爱劳动，关心集体"这样的大道理，而是以上这些学生都看得懂的、很具体的提示语。

在这些点滴的行为习惯教育中,学校开发出了富有特色、易于操作的"阳光少年品格训练"课程。以下是西下池小学该课程四年级《判断勇敢与逞强》一课的内容:

活动目的:做个勇敢的人,而不是逞强的人。

活动程序:

一、两个故事:

1. 文辉和君君在放学回家的路上,见一小孩在路中间玩,来往车辆很多,情况很危险。文辉叫君君去找警察叔叔,自己跑到路中间,一手拉住小孩,一手挥动红领巾向往来司机示意。果然,汽车停住了,文辉把小孩引到路边。

2. 一天,小虎和同学到小河里游泳。小虎指着新建的桥说,谁敢从桥上跳水?小虎见无人敢跳,就说:"都是胆小鬼,看我的。"说着便从桥栏杆上跳了下去,结果因桥高水浅,小虎的腿摔伤了。

二、请谈谈什么叫勇敢,什么叫逞强。

……

四、涂红花

下面几朵花中都有一句话,把属于勇敢的涂红色,把属于逞强的涂成灰色。

……

《欣赏自己》《不满意,你就说出来》《我是谁》《生命中的重中之重》《到自己心灵世界去看看》……从一年级到六年级,每年级一册,"阳光少年品格训练"教材共 6 册 216 课,真正将品格训练实现了课程化。

每册教材的封底都印有这样两段话:一个国家的命运,不在于她国库的殷实,也不在于她军事力量的强大,乃在于这个国家国民品格的高下。

品格是训练出来的。训练和教导大不相同。教导是给知识,让学生认知,训练是给习惯,让学生行动。教导是让学生头脑清楚,训练是让学生养成习惯。

让孩子在"生态课堂"中成为自己

教育不意味加工和塑造,而意味着引导生长和成熟。加工与塑造强调外在的力量,引导学生自身生长和成熟则重视内在的可能和自为。学生是在成人的帮助下,学习生存本领,获得生活智慧,体验生命的意义、价值和尊严的人——这是西下池小学的学生观。

学校在看待学生方面达成了以下几条共识:

1. 让孩子自己去找兴趣点,自己去体会其中的快乐。如果你想引起学生的兴趣,最好的办法是你先做起来。

2. 每位学生都是个性独特的人,要把成长的权利交给学生。

3. 不能指责学生"你咋和别人不一样"。

4. 差异就是财富,应该珍惜开发。利用差异,顺势发展适合学生的教育。

5. 绝不是教师想让学生怎么样,学生就怎么样,教师不能把自己的意志强加给学生。

这样的学生观,决定了课堂文化。西下池小学的生态课堂有这样几条标准:学生敢于在课堂上自由地质疑问难;让学生带着问题走出课堂;不以完成教学任务为本,而以学生生命发展为本;学生学习兴趣浓,课堂气氛轻松……

以下是一节四年级数学公开课上的场景：

教室前后都站有前来听课的老师。同学们正在给讲台上的小主持人鼓掌。接下来有一个小组派了3名同学上讲台讲解小黑板上出示的应用题。

他们有分工：一个同学号召大家来攻关，一个同学在黑板上随机记录，还有一个同学总结。第一个同学先把题目读了一遍，然后直接问："哪个同学知道怎么算？"台下立即有人站起来发言，更多的学生是在6人小组里探讨……

这个小组讲解总结后，小主持人让大家点评。大家虽争先恐后，却自然有序。有趣的是，在拓展训练环节，学生一时卡壳，老师想解围发言，一个同学却说："您先等等。"老师按照既定的课堂规则，只好坐了下来。

对于这一环节，李艳丽特别欣赏：我们的课堂提倡真教育，提倡把教学变成心心相印的活动。我们在对外开放的公开课上照样批评学生，这就是真实性。真实比精彩重要，真实是通向精彩的第一步。

让孩子在"有感觉"的环境中创造自己

"智力中没有一样东西不是源自感觉。"李艳丽特别强调"让孩子有感觉"，在她看来，就孩子的成长而言，感觉是超越一切的，孩子的创造力、想象力都来源于感觉。

西下池小学的星光长廊是用俄罗斯红松木和云杉木两种板材建成的，耗资11万元。当初建造这个长廊时，很多人不理解：建个长廊，为什么要用实木的，而不用成本低、更牢固、更美观的合成材料？李艳丽的理由是,实木材料才有生命的感觉。

在西下池小学,除了遍布校园的树木花草,你还可以看到多种庄稼、瓜果和蔬菜。玉米、大豆、花生、南瓜、西红柿、辣椒、向日葵……按班级划区分片种植,这就是西下池小学的生态园。生态园里洋溢着多姿多彩的生命气息,也理所当然地成了"露天教室"。

程鑫悦是从外校转来的学生,他"每次看到生态园里的植物心里都暖暖的"。他说:"有一天走进学校后,感到特别兴奋,因为我发现那棵细小的并不繁茂的梨树上结出了三个梨。看着这三个梨,我欣喜地感受到生命的神奇、生命的可贵。我更加喜欢生态园了。渐渐地梨长大了,细小的梨枝被压弯了腰。每天来看看梨树一家人,我特别高兴,希望梨树妈妈和她的宝宝健康成长。"

西下池小学校园的东南角有两个沙池:一池黑沙,是湿的;一池黄沙,是干的。建沙池,是基于学生心理发展的需要。心理学上有"沙盘游戏疗法",是一种利用意象的创造性治疗形式。西下池小学引入这种形式,让学生把沙子、水和沙具运用在意象的创造中,把无形的心理事实以某种适当的象征方式呈现出来,从而使学生的心理问题获得疗愈、人格获得发展。

学校还将沙盘建到室外,进行了更具实效性的改造。孩子在沙池中自由挖掘、堆砌、塑形,有的挖地道,有的垒城堡,有的修公路,有的挖池塘……孩子们在玩沙的过程中构建着自己的内心世界,其内在的感觉和情绪得以流动、宣泄、抒发。

对于沙池,四(1)班的张露露同学写下了这样一段与其年龄有点不相称的话:"一粒沙是一个世界,沙盘中展现出美妙的心灵花园。我们在这个心灵花园中将自己全部展现,开心也好,失落也罢,对着这万千世界,对着这圣洁的心灵,还有什么是我解决不了的呢?让沙子慢慢地从手指中流过,仿佛我们的生命之泉在流淌。在这里,我找回了力量。一沙一世界,这个世界里有我的生命、我的感觉、我的喜悦、我的悲伤、我的无奈……我们将在这心灵花园中成长起来。"

星光长廊、生态园、沙池只是西下池小学 19 道校园景观中的 3 个。起源于洛书的非物质文化遗产数阵游戏、洛阳民间游艺活动"地棋"、洛阳民间童谣、古老的少儿游戏、石榴校树、教学楼楼梯间内的心灵氧吧、厕所里的莲花鱼塘、树上的美丽鸟巢……这些景观让学校成了一个儿童的乐园。

李艳丽认为,每个孩子都是天生的哲学家和艺术家。真正的教育,不过是让儿童天性自然发展。只要给儿童感觉,他就能创造自己。"我们要给孩子创建'有感觉'的环境和空间,让他的感觉出来。小学教育就应该落实在这个层面,学习则是'顺手'的事情。我们建设生态校园的目的是为了找到教育的根本。孩子生活在万事万物中,但这些事物只是一种存在,不是孩子成长的根本。孩子成长的根本在于这些事物引发其内在感觉并最终上升为精神力量。"

对于学校爱与自由的教育环境,王钰欣同学的体验和理解显得更为深刻:"我常常觉得有些力量在慢慢靠近我,帮助我成长,帮助我学习。一天天过去了,我知道了这是爱和自由,也是这些力量激发我在生活中做一个懂得爱、渴望自由的孩子。我感谢这力量!"

重建小学教育

中国小学课改的制高点在哪里？如何从理论到实践系统改进小学教育？教学的依据是课本还是课标？现代教学究竟是为了会学还是想学？学生小组如何超越教室走向生活？面对中国小学教育的追问，山东省乐陵实验小学校长李升勇及其团队用行动给出答案。

理论：引领"八项改变"

与很多学校的改革不同，乐陵实验小学走的是一条归零式改革之路：一切回到教育的原点来思考和设计。

乐陵实验小学的改革是在理论指导下的改革，这个理论不是来自研究机构的专家，也不是源于某本专著，而是来自校长李升勇对现实教育的思考和研判。

李升勇认为，未来社会对人才的需求与以往相比有了根本改变。公民培养不能把目光局限于课堂，局限于学校，而要面向世界，在世界发展的大格局中确立培养目标。在当今时代，学校已经不是获取知识的唯一渠道，教师的作用在发生变化。文本、手段、方式、方法的改换，也都是教学改革的"术"，而不是"道"。教育变革不仅仅是教材版本的更换和教学方法的变化，还有课堂性质、教师功能、课程教材等的彻底改变。

"教与学顺序和关系的改变,只是一种修修补补的局部改革,而不是系统性的整体改革。"李升勇要做的是大课堂、大课程、大教材、大教育,即改教学目标、改教学依据、改教学流程、改校本课程、改教材文本、改课堂形式、改合作方式、改课堂评价等八项改变。

在他看来,题海战术可以把学生教会,精讲多练可以让学生学会,"授之以渔"可以让学生会学,而启智导学才能让学生想学。教学的最高境界是教育。教学是教育的一部分,必须服从服务于教育,要站在教育的高度看待教学问题。

为此,乐陵实验小学把传统的"篇目——单元——单册——12册——课标"教学流程倒过来,转变为"需求——课标——学校课程——课程规划——周目标——自主学习",把课堂目标上移到周目标,实现了课堂与课标的有效对接。

对于课程,李升勇有自己的看法:校本课程不是国家课程的补充,学校课程开发的核心是国家课程校本化,是对国家课程的细化和软化。学校基于这样的思想开发校本课程,将语文划分为基础性课程、文本性课程、实践性课程三大类,数学划分为基础类课程、阅读类课程、实践类课程三大类,英语划分为单词课、阅读课、情境课三大类。

李升勇倡导大教材观:文本是教材的一部分,师生阅历也是教材的重要组成部分。比如,语文课程资源包括课堂教学资源和课外学习资源,教科书、工具书、报刊、电影、电视节目、图书馆、博物馆、自然风光、文物古迹、风俗民情、国内外的重要事件、学生的家庭生活以及日常生活话题等都可以成为语文课程的资源。

李升勇重新定义现代课堂:结构与空间上,不再局限于教室;时间上,不再局限于40分钟;要由知识传递场转变为学习势能场、文化激励场,让学生展示荣耀,交流自豪,体验成长,收获自信,从根本上解决学生学习内驱力问题。

李升勇为乐陵实验小学设计的课改有两条线：以落实课程标准为底线，以满足学生生命成长的需求和民族社会发展的需要为追求。学校豪迈地提出："以人为本，铸造民族之魂；立己达人，五十年以后见。"

团队：让教师产生共同精神尺码

从理论到实践彻底改造小学教育，对乐陵实验小学的教师团队提出了空前挑战。

当年，李开勇刚来到乐陵实验小学的时候，学校教师团队的整体状况不容乐观。李升勇称为"3 个 1/3"：1/3 的教师中师毕业，1/3 的教师毕业于本地教师进修学校的培训班，1/3 的教师是由其他社会系统调到教育系统，没有接受过教育专业训练。

1999 年年底，李升勇刚到任时，每天早早赶到学校，不是为了查岗，而是"觉得让教师和学生一进校门就看到校长，感到心里踏实"。如果有教师迟到了，李升勇就扭过身子转向别处。他说："我相信老师不是有意迟到的，但被校长看到了总会感到没面子，所以我不会正面迎上去问为什么迟到，而是给老师留下自我成长的空间。"

乐陵实验小学的课改先锋队是"圣徒学社"。李升勇要求，圣徒学社采取自愿报名的形式，凡是申请参加学社的教师，每人必须预交 1000 元的押金，作为课改风险基金。并明确规定，自愿参加课改的成员，凡学校的教研活动、外出学习等，必须守纪律——不能缺席，无论什么原因，缺席一次就从风险基金中扣除 50 元，直到扣完为止。报名截止时间为消息公布后的第三天上午 8 点。

消息一经公布，教师们沸腾了，说什么的都有。到了截止时间，交钱报名的有 12 人。尽管后来还有很多教师想参加，但都被拒绝了。就这样，包括李升勇在内，13 人的圣徒学社成立了。

李升勇对圣徒学社提出了严格的要求：每个成员必须做到"三当""四要""五有""六做"。三当：生活中当"傻子"，搞课改就要放弃一些世俗杂念；学习中当"呆子"，潜心课改，心无旁骛；工作中当"疯子"，只为课改，不争名利。四要：要有责任心，要细心，要有耐心，要有爱心。五有：有正气，有大气，有才气，有灵气，有锐气。六做：做一个胸怀天下的大写的人，做一个远离世俗的高雅之士，做一个宽厚仁慈的谦谦君子，做一个学识渊博的清贫书生，做一个立己达人的教育圣徒，做一个开拓进取的改革先锋。为了让成员们静下心来搞课改，圣徒学社要求每名成员跟家里签订"君子协议"，取得家属的支持，"如此课改团队才没有后顾之忧"。

在圣徒学社里，李升勇公开招收徒弟，自己是师傅，12名成员是徒弟。校长成了师傅，没有了权势的威严，而且拉近了与教师之间的距离，教师还具有了一种"士为知己者死"的期待。"为校长做事是工作，是完成工作任务，跟师傅做事是学艺，是生命成长和专业成长的需求。"

圣徒学社凝聚了一批有热情、肯吃苦、渴望成长的教师。在师傅的带领下，"智慧讲堂""星光论坛""车上教研"也相继诞生，成为教师成长的强力"助推器"。

为了开阔视野，教师们经常外出参观学习、听名师授课、听专家报告。由于经济条件有限，原则上他们外出学习200公里以内不在外住宿，因此经常早上4点多就出发，晚上再晚也赶回来。一上车，李升勇就开始布置学习任务、学习重点等，回来在车上就开始点名发言，交流讨论。对此，大家美其名曰"车上教研"。

对此，李升勇深有感触："当今中国教育，不乏理论家，不乏聪明人，恰恰是缺少一些傻里傻气的实践者、朝圣者。也许我永远到不了教育的圣地，见不到教育的圣殿，得不到教育的真经。但是，那都不会影响我做一个教育信徒的信念！"

文化：唤醒教师沉睡的生命

　　了解李升勇的人都说他最大的特点是执着。李升勇是个工作狂，每天晚上不关床头上的台灯，不停地看书、做笔记，累了睡会儿，突然想起什么，趴在枕头上就写。爱人怕这样他熬不住，便以开灯无法休息为由提出抗议。他索性搬到客厅去，在地上铺席子，旁边放一盏台灯，继续自己的学习。就这样，当校长刚刚3年，他就得了梅尼埃病。他爱人又跟他谈："把家里的钱搭在学校不要紧，别把命也搭上。"

　　渐渐地，李升勇本人成为引发、激励教师改变、成长的最大教育资源。

　　有这样一个真实的故事：几年前，教师刘德芸在当年的民主测评中被评为市级优秀教师。不想有人背后说她之所以得优，是因为请校长吃过饭。面对无中生有的说法，刘德芸气极了，于是找到李升勇，告诉他有人在背后如何诋毁。

　　让刘德芸不解的是，李升勇从始至终只是微笑着看她激动地比比画画，从不问那个背后议论者是谁，只是告诉她用实力证明自己不辱没优秀教师的称号就行。刘德芸后来才了解到，那位同事并不是凭空捏造，只是出于误会才这样说的。怨恨烟消云散，但校长的宽容却让她感念至今。

　　刘德芸还讲了这样一件事：一天，李升勇通知说有个老朋友要请包括她在内的几位老师吃饭，因那人的孩子在她班上。席间，校长一改平素的矜持，再三夸她工作如何有激情、如何有责任心等。感动又诧异的刘德芸后来从别人口中得知，那位家长是校长的朋友不假，但家长请吃饭目的是为了给孩子调班，因为主科教师是新手，不放心。

　　"听后感觉真是很尴尬。但细想之后，才明白校长的良苦用心。他是在默默地维护我们,怕伤害了我们的自尊心啊!别无选择,我们只有加倍努力。"刘德芸说。

教师张辉还记得学生小清的案例。因为父母的缘故,小清辍学。李升勇知道后,反复叮嘱他一定要设法与家长联系,让小清返校续读。当时许多教师不解:"那么多学生想进咱学校都进不来,走了一个不正好吗?"但李升勇说:"有人想进来,不是因为没学上,而是想选择学校,小清不同,她面临的是失学。"

这样的意识潜移默化地影响着越来越多的教师。教师张凌云说:"专业上、生活中,我们被校长逼着读书,被他引领着走在课改前沿,逐渐变得有见识了,变得大气了。"

有一年,学校搬迁,为了给学生一个干净舒适的学习环境,整整一个暑假,乐陵实验小学的教师们都没有休息。20个功能教室,20个办公室,36个常规教室,地面上的水泥点儿油漆点儿,他们用铲刀铲,用钢丝球打磨,用笤帚扫,用拖把拖,一遍又一遍;1000多张桌子都是他们用双肩扛上楼的,楼道里运送,楼梯上接力,汗浸透衣服,顺着衣袖裤腿往下滴,没有一个人叫停、喊累,老弱病残没有一个请假,53岁的左校长在干,48岁的孟校长在干,刚休完产假的牛立娥在干……

没有补贴,教师们却争先恐后地干,这从一个侧面折射了乐陵实验小学的团队文化。

课程:开创学校发展新路向

乐陵实验小学的教学依据不是课本而是课标。

为了更深入、更全面地理解课程标准,李升勇利用"星光论坛"组织课改组教师集中学习课程标准,逐字逐句地研读,使教师对课程标准了然于胸。

在研读语文课程标准的过程中，李升勇及其团队觉得，课程标准提出的要求非常好，但是要具体落实，还要靠细致的课程设计。于是，通过讨论如何让学生真正具备良好的人文素养和科学素养，有了经典课、文学课、名曲课、名画课、科普课（科普阅读、科学观察、科学实验）等课程；讨论如何让学生具备合作意识，有了学生学习型组织的团队设计；讨论如何让学生具备运用现代技术搜集和处理信息的能力，有了前置性学习、时政论坛等课程设计。

很多学校对校本课程的理解存在偏差，误认为校本课程是对国家课程的补充，认为学校开展的实践活动，或是学校开设的书法、舞蹈等特色课程就是校本课程。在李升勇看来，特色课程仅仅是校本课程的极小一部分。

李升勇认为，国家课程校本化的实质就是把国家课程意志、课程标准在学校落到实处。国家课程、地方课程、校本课程，是三级课程管理，而不是三类课程。国家、地方、学校课程应该是一个体系，而不是三个体系，否则就会出现校本课程开发得越多，国家课程受冲击越大的现象。"脱离课程标准，去开发所谓的校本课程，是错误的，也是危险的。"

乐陵实验小学课程建设的原则是：国家课程校本化、学科课程综合化、实践活动课程化。学校把语文学科划为三个类别：一是基础性课程，主要是知识性、积累性、基础性内容，课型有汉字课、写字课、朗读课、成语课、诗文课、经典课等；二是文本性课程，主要是阅读感悟性内容，重在提升学生的文学素养和文化素养，课型有阅读课、文学课、影视课、名曲课、名画课、历史课；三是实践性课程，主要是实践活动和拓展性内容，课型有观察课、时政课、地理课、棋艺课、体能课、规划课、礼仪课、民俗课、戏剧课等。

在乐陵实验小学，课程设置追求满足学生生命成长的需求，不是口号，而是贴地行走的具体实践。

据副校长路猛介绍，名曲课、名画课，要求学生在小学阶段要熟悉 100 首古今中外名曲，了解 100 幅古今中外名画，从内容上超越了小学音乐、美术教科书的范围；同时也有语文能力的考虑，名曲不仅要求学生熟悉曲子的旋律、作者，还要求学生体会曲子的意境，想象曲子所描绘的景象，联想生活中的相关画面，然后把自己听到的、想到的用文字表达出来。

家政课也是根据学生实际生活需要设置的。让学生从穿衣、洗漱开始，学会收拾、布置房间，学会做几道家常菜，掌握一定的营养知识，了解一些茶道、插花等技艺方法。

课堂：改变传统教学的结构与功能

关于课堂教学，李升勇有不少精彩的论述：

> 现代课堂是师生生命成长的平台，不是师生表演的舞台；课堂是知识思想的集散地，不是传递知识的主渠道；课堂是文本与生活的对接舱，不是文本知识的剪贴板；课堂是智慧的孵化器，不是应试技能的训练所。
>
> 课堂高度容易引起人们的关注和喝彩，而课堂宽度往往缺少精彩，让人感觉平淡无奇，甚至有点机械重复，但生活本身就是朴实无华的，越是深埋地下的东西，生命力就越强。
>
> ……

基于这样的观点，李升勇和他的团队用周目标导航、前置性学习、组织化合作、栏目化教学等"模具"和流程，完成了对传统课堂结构的颠覆性重构。

周目标导航。他们的目标不是针对一篇文章，而是直指课程标准，依据课程标准，把学期的总目标分解到周。学生以小组为单位，按照基础性课程、文本性课程和实践性课程，具体落实各项学习目标。

前置性学习。教师根据教学目标把教学内容、学习标准、学习方法等分项打包，指导学生在生活中自主学习，过程中教师给予必要管理及指导帮助，以期达到学习的生活化、常态化、多元化，同时实现学习过程教师管理的全程化、现代化、碎片化、组织化。

组织化合作。组织化合作就是将个性不同、情感各异和家庭文化背景各不相同的几个学生组成一个学习小组，形成一个分工明确又团结合作的集体。学习性组织的成员之间相互制约、相互激励，有自己的组织名称，有自己的组约、组训、主旨，有共同的追求目标，另外，他们还有自己的组织文化、思想文化、行为文化、学习文化等。

栏目化教学（课堂展示）。学生以学习小组的形式完成前置性学习任务后，便是课堂上的展示。

对于基础性课程的成果展示，老师将游戏、接龙、竞赛等编排成栏目的形式以检查学生对基础知识的掌握情况。在小组过关的基础上，各小组采用抽签的方式在课堂上依次进行小组展示，有一个同学不过关，整个小组的成绩就受影响。

文本性课程（即阅读类课程）成果的展示，则采用栏目化教学和"闯关"结合的形式。依据小学生的年龄特点，阅读课的展示被分为几个栏目：

第一关：字词训练营，人人当英雄。旨在检测字词掌握情况。

第二关：我读我入境，流利有感情。重点检测朗读情况，训练能力。

第三关：入情入境，品味人生。重点训练学生理解、分析、感悟能力。

第四关：得知得智，拓展人生。旨在让学生读中感悟，让生活与文本对接，把文本还原为生活。

第五关：化人化文，学以致用。重在把所思所感写下来形成文字。

……

李升勇认为，这样的课堂，在结构上打破时空限制，传统课堂教学仅是其课堂结构的一部分。生活的过程就是教与学的全过程，整个的生活就是课堂。课堂的性质、结构、目标都变了。

教材：从教科书走向文本＋生活

一说到教材，人们首先想到的是教科书，这是一种误解。在李升勇看来，教材的本意是教学过程中可以用来使用的全部材料，包括现实生活内容和文本生活内容两大部分。

所以，李升勇的教材观是：教材＝文本＋生活。文本，即文明成果的载体。教科书只是文本的一小部分。

学校将语文教材向其他学科延伸，向社会、向学生生活延伸，把教材分为文字版、电子版和生活版三种形式。文字版教材包含生字、成语、名言警句、文本阅读、美文背诵、经典诗词等内容。其中，阅读文本是日常教学的主要教材，其内容为学校自编——一部分选自全国各个版本的教科书，另一部分选自各种图书报刊中的精美时文。各年级篇数都远远超出了国家审定的教材篇数。

在李升勇看来，教材根本不是单一的教科书，而是生活的全部，是固化的生活（文本）和现实生活的总和。"想想当年孔子的教学，有什么固定的教材？想想当年王阳明的教学，有什么固定的教材？天地万物，人生万象，都可以作为他们的教材，更多时候是即兴而言，即兴而答，却成了千古教育的绝唱。孔子周游列国 14 年间，连教室都没有，但是，他依然履行着一个教师的责任。他在那些流动的'教室'里，除了'五经六艺'教材之外，更多将与现实生活休戚相关的当下问题当成了教材。这才是真正的教育，而不是正襟危坐于课堂之上，却对课本内容之外一无所学的教育。"

从理论到团队，从文化到课程，从课堂到教材，六大改革，不仅开阔了教师们的心胸和视野，打开了他们的人生格局，提升了他们的精神海拔，更增强了学生的自信心，激发了学生的求知欲。

"学校开阔了我的视野，引领我从课本走向了生活，使我认识了一个多彩缤纷的世界。"学生刘睿晨说。

而这正是很多学生的看法，也是李升勇的目的所在。这位痴迷教育一辈子的老教师坚信，教育应实现"四个回归"，回归于生活，回归于自然，回归于儿童，回归于游戏。"当前的教育亟待解决的不是如何创新，而是如何回归，要回到教育的本源。教育回归于自然：每一个学生就像一粒种子，学校能给予生命个体的只有温度、湿度、养分……教育回归于儿童：将课堂还给学生，让孩子生活在他自己的世界里。教育回归于游戏：把课堂定位为展示的平台，让学生'展示荣耀，交流自豪，体验成长，收获自信'。"

"心生长"教育新在何处

有一种教育叫"心生长",践行"心生长"教育的是河南省义马市第一初中(以下称"义马一中")。该校 2005 年由原义马矿务局三中、千秋镇中、千秋职中三所学校合并而成。虽然学校在当地已是名列前茅,但学校领导班子有更高的追求:创造有中国特色、中国风格、中国气派的初中教育。秉持这一教育梦想,他们开拓了属于自己的发展路径。

顶层设计贯穿"心"主题

"教育绝非单纯的文化传递,教育之为教育,正是在于它是一种人格心灵的唤醒。""育人先育心。在由人的精神财富外化而来的和谐交响曲中,最微妙、最温柔的旋律当属于人的心灵。"这些思想家、教育家的论述,让义马一中校长安新怀找到了学校内涵发展的灵魂——"心生长"。

"关注学生的心灵是我们一贯的教育主张和价值取向。浇树要浇根,育人要育心,教育一定是从心出发,最终又回归到心上。"安新怀说,提出"心生长"教育,是基于对当前初中教育误区的反思:过多地强调头脑教育,而忽视了心灵教育;注重教师专业发展,忽视教师精神生长。

围绕"心生长"教育主题,安新怀带领教师团队着力建构六大支柱:一是营造赏心环境,二是尝试凝心管理,三是做知心教师,四是建设养心课程,五是研发开心课堂,六是培育慧心学生。

"理念再美好,如果不能落地,一切等于零。"为了解决理念落地问题,义马一中将每个支柱用三个关键词支撑并加以解释。比如,赏心环境特点确定为生活的、生态的、课程的,其建构标准是结构与秩序、真实与自然、美与氛围。知心教师的三个关键词是相信学生、真爱学生、读懂学生。养心课程的三个关键词是经典、故事、自主。开心课堂的三个关键词是自主、兴趣、方法。慧心学生的三个关键词是自主、实践、创新。

安新怀对凝心管理有着重的解读:凝心管理是用心去管,能使被管理者感受到温暖与热情。它淡化了上级和权威,突出了民主、服务、和谐。

特色环境辅助"心生长"

义马一中的环境文化独具特色。

"无论您是谁,在哪里,当您想要与一个学生说话时,请与学生处于同一高度,并看着学生的眼睛说;请尊重学生选择的权利,尊重学生自己的喜好;请注意净化您身边的教育环境……"这是义马一中大门口左侧墙壁上醒目可见的"净化青少年教育环境全民行动书"。

与"全民行动书"相对应,大门右侧铁栅栏上贴的是家庭教育"父母十二规":从此刻起,我要多鼓励、赞美孩子,而不是批评、指责、埋怨孩子;我要用行动影响孩子,而不是用语言说教孩子;我要让孩子长成他要长成的样子,而不是我期待的样子……

对此,副校长卫小峰的解读是:"这样做的目的是呼唤全社会行动起来,共同撑起一片发现学生、尊重学生、保护学生、呵护学生成长的蓝天。"

贯穿校园南北的有三条大道,中心大道被命名为"五心大道"——"忠心献给祖国,爱心献给社会,关心献给他人,孝心献给父母,信心献给自己"。校园东西两侧的道路分别为人文大道和科学大道,对应核心素养的"人文底蕴"和"科学精神"。人文大道弘扬民族精神,奠定根基品格;科学大道宣传科技成果,培养校园创客。

校园里共有六个花园,分别命名为赏心园、凝心园、知心园、养心园、开心园、慧心园。"六心"花园,不仅是"心生长"教育的文化标识,也是学生们向往与留恋的精神家园。

故事大街是校园的一道亮丽风景。据教师郭光华介绍,"园内所有故事都来源于师生,见证着我们的心灵成长"。站在故事大街的正中央,抬眼便能望见一尊造型为圣贤老子仰视远方的巨石——校训石,上书"每天生长一点点",时刻勉励师生日进日新。

"想想吧""笑笑吧""悟悟吧",是义马一中环境文化建设的创新之作,深受学生喜爱。"想想吧"即智慧吧,通过各类益智游戏对学生进行思维训练。"笑笑吧"即怡情吧,通过游戏、哈哈镜、名人漫画、笑话、谜语等,让学生享受快乐。"悟悟吧"即思想吧,让学生感悟科学真理、做人道理、处事情理、生活原理、人生哲理。教师崔松真说:"这三个地方是利用三个大教室创建而成,目的是让学生在学习之余有一个放松心情、思考感悟的地方。"

少教多育落实"心生长"

在义马一中,无论课程还是管理,无一例外都贯穿少教多育的原则。在开好国家课程的基础上,义马一中大力开发生本课程,即以学生为本的课程,以学生的生活为着眼点;传授给学生生活经验,并以学生的自我建构为主;实现学生更好的成长,进而提高学生的生命质量。

学生把自己的兴趣、特长等开发成微课程,由开发者当老师,自主选修。"学校目前已开发出近千门微课程,其中精品微课程200门。在2016年寒假,有20名学生利用'沪江'CCTalk上了属于自己的直播课。"副校长郑小丁自豪地说。

"免疫力教育活动"调查报告和生活体验报告,是义马一中开展的两门实践活动课程。暑假期间,按照学校要求,每个学生都要进行"免疫力教育活动"。例如,学生有的写"我看路口交通秩序",懂得了规则;有的写"菜市场调查报告",了解了买卖诚信;有的写"我看义马的水",明白了节约的重要性……

生活体验报告的撰写主要包括三部分:体验内容、体验结果、体验感想。学生有的写"山区的夜",有的写"独自买菜做饭洗碗全过程",有的写"坚持干一天农活"……

"两个报告让学生接触了真实的生活,能够独立面对生活中的困难,学会自立。"教师杨春玲说。

少教多育不仅激发了学生更多的灵感,还提升了学生的沟通能力和组织能力。

前不久,各班都在基于"心生长"教育开展班级文化建设,擅长美术的八年级(3)班学生赵儒雅被班主任任命为班级文化建设负责人。

没几天,赵儒雅便把教室装饰好了。谁知班主任检查后说了一句"这不好,你再想想吧",就走了。赵儒雅又想了个法子:让班上一个擅长书法的同学写了几个条幅,贴到教室墙上。"这些字幅虽然写得好看,但是不适合贴在班里。"班主任的第二次评价让赵儒雅充满困惑:"老师到底是怎么想的?"

赵儒雅找到班主任,大胆表达了自己的感受。班主任认真倾听了她的想法，跟她分享了自己搜集的装饰教室的材料，并说了一些具体的装饰方法。

接下来的一周，赵儒雅结合班主任和自己的想法设计方案、分配任务，带领全班圆满完成了装饰教室的工作，不仅得到班主任和全班同学的肯定，而且在全校评比中名列前茅。

"与班主任的意见不一致时，我之所以有勇气表达自己的感受和看法，或许是受益于心灵的真正成长吧。"赵儒雅说。

研究学生唤醒真教育

与少教多育的理念相匹配，学校管理也在发生微妙的变化。

"研究学生是教师最大的课程，不走进学生的心灵世界，真教育就难以发生。"郑小丁对此高度认同。为提升教师研究学生的意识，学校每两周举行一次"心生长教育论坛"，以案例分析方式引领全校教师看教育现象背后的真相。

教师陈洁的班级转来一个插班生——一个身高将近一米八的大男孩。然而，进班将近一个月，男孩依然与班级格格不入。有一天，孩子流鼻血了，陈洁趁机与他互动："你这样让我很担心，不是害怕血，而是害怕你自己不能照顾自己。"当男孩鼻血不流时，陈洁告诉他：没有你的许可你说的话我是不会告诉其他任何人的。于是，这个孩子说出了进班后的第一句心里话："老师你知道吗？我没有爸爸妈妈。"接下来男孩哭着说："那天送我上学的是后妈，亲妈在我5岁时就不在了，爸爸去年10月也不在了。我现在最担心的是79岁的爷爷，最怕他突然离我而去……"听着男孩的哭诉，陈洁也落下了眼泪。她知道，男孩此时最需要的是别人听他倾诉。

"这次长谈，对孩子是一种及时的疗愈。此后，这个孩子就像在学校找到家一样，与我非常亲近，与其他学生也相处融洽……"

与大男孩的故事不同，教师殷丽娜分享的案例有些惊心动魄。班里一位男生的胳膊上划了一道深深的口子，鲜血止不住地往外涌，旁边几个学生手忙脚乱地帮他止血，而那个男生却一脸冷漠地站在那里，右手紧紧握着一把带血的小刀。

殷丽娜迅速把这个男生领到医务室处理伤口，整个过程这个男生闭口不语。原来，这个男生是刚转来的，身上经常带着刀，稍有不顺就自残。经过认真调研，殷丽娜认为，这个男生行为背后的想法主要是想获得尊重。

殷丽娜把这个男生请进办公室，不是好言安抚，而是声色俱厉地说："不要以为我会安慰你，这招在我这里不管用，一个不珍惜生命、漠视自己的人，永远得不到别人的尊重，只会让人远离你……"面对老师的指责，这个男生先慢慢低下了头。殷丽娜趁热打铁："你把老师的话好好想想，明天我要听你的想法。"

第二天的促膝长谈，让殷丽娜了解到，这个男生小学五年级时，一个偶然机会，通过这种方式逼迫父母满足了他的要求。自此便一发不可收拾，用刀自残就成了他的撒手锏……

此后，这个男生经常找殷丽娜谈心……不到一个学期就彻底改掉了这个毛病。

如今的义马一中，能走进学生心灵的教师越来越多……

物质幸福的时代已经基本结束，"心"时代正在来临。在安新怀看来，"心生长"教育正是为了迎接这个全新时代而来。安新怀说："因为预测未来的最好方式就是把它创造出来。"

"心生长"教育昭示了什么

教育的本质不是让我们顺从、屈服和跟随,而是让我们发自内心地去突破、超越和创造。作为一个全新的教育命题,"心生长"教育为我们揭示了三个真相。

一是心脑关系的真相。教育就是对脑的开发,这是长期以来许多人对教育的认识。在"知识就是力量"的时代,头脑让人学习了大量的科技知识,也顺理成章地成了生命的主导。然而,头脑一旦成为生命的绝对主导,问题就产生了——头脑取代了心灵,心被关闭了。"头脑可以给你面包,但无法给你喜悦,无法使你在生命中欢欣鼓舞",这导致了现代人的种种问题。要解决这些问题,教育必须基于头脑,超越头脑,指向心灵。从这个意义上说,"心生长"教育是对人类发展面临现实问题的伟大回应,也预示了未来教育的发展方向。如果说"知识就是力量"所对应的教育是指向头脑的话,那么"智慧才是力量"所对应的教育应该指向心灵。

二是生命成长的真相。每个人内心都沉睡着一个巨人,巨人一旦被唤醒,每个人都能成为大成就者。因而,世间最伟大的艺术是活出自己的艺术。可以说,人遭遇的所有问题,都是成长不够的问题。长期以来,我们的成长模式总是"外求":读专业书籍、向名师学习、听专家报告……应该说,这样的"外求"是必须的,但"外求"只是手段,不能成为目的,否则就会出现"为学习而学习,为成长而成长"。"外求"的目的是"内求",是唤醒、引发我们本自具足的内在智慧。如果"外求"不能引发"内求",就会成为生命成长的障碍。

三是学校发展的真相。教育内涵发展是每个校长的追求。在外部资源相对均衡的背景下,为什么有的学校内涵发展迅速,有的学校却难有突破？核心秘密在于两个字——合道。合教育之道就有内涵。"一阴一阳之谓道"，教育内涵难有突破的学校，校长往往只是重视"阳"——看得见的教学、课程、管理，而忽视了"阴"——看不见的使命、思想、价值观。而那些内涵发展迅速的学校，校长往往既重"阴"又重"阳"，安新怀就是这样的校长。

一千个读者眼中就有一千个哈姆雷特。其实，每个人都在通过阅读他人、他物来阅读自己，进而改变自己。您由"心生长"教育读到了什么？

重新定义课堂观察

"**重**新定义了校长的角色与职能。"有专家以此评价江苏省汾湖高新技术产业开发区实验小学（以下简称汾湖实验小学）校长张菊荣。

2009年暑假，曾任教育局教科室副主任的张菊荣走马上任，成为新建的汾湖实验小学校长。几年来，张菊荣给自己的定位是引领教师搞教科研，其他如学校的行政、财务、人事等工作，都交由副校长负责。

"不轻易开启，不轻言放弃。"张菊荣的这一人生信条，不仅烙在其职业生命深处，更烙在汾湖实验小学的成长课堂内外。

主题系列教研改变思维方式

秉承"不轻易开启，不轻言放弃"的理念，汾湖实验小学每学期一次的成长课堂研讨会已经举办了十几届。每届一个主题，从"探寻成长课堂基本特质"，到"教学评一致性的课堂结构"，再到"走进深度学习"……既深化了课堂教学改革，又逐渐改变了教师的思维方式。

2010年9月，汾湖实验小学与华东师范大学课程与教学研究所达成战略合作协议，高校专家团队与小学一线教师一起搞研究。

华东师范大学课程与教学研究所所长崔允漷第一次走进学校参与教

师教研活动的场景,给教师张美娟留下了深刻印象。聆听了教师备课方案后,崔允漷提出第一个问题:"你们的目标是哪里来的?"全体沉默。"目标不是教参上有的吗?崔所长为什么问这个问题?"教师们深陷疑惑……基于大家的疑惑,崔允漷讲解了课程目标如何设定。

"我们犹如被当头棒喝,原来目标竟然是教师自己写的!"张美娟说,"有了专家引领,我们的课堂教学研究有了方向。"

2011年12月,那个学期的成长课堂研讨会主题是"促进学习的课堂评价",研究课例是张美娟执教的《游戏规则的公平性》。

在进入主题研究后,教师团队并不急于讨论教学设计,而是就"什么是评价"展开了激烈讨论。大部分教师认为评价就是课堂的评价语和课堂练习等。然而,教师顾嫣宏认为:"大家所说的都是评价,但我们更应该突出'促进学习的评价'。"

通过搜索资料、查阅书籍,教师们终于对评价有了新的理解。"教研活动还没有真正开始,但教学研究已经真正开始了。"

"我们教研活动的品质在这样的理论与实践冲突中持续升华。"教师吴晓亮说。

"教研活动就是观课议课,教育科研就是论文写作,两者毫不相干。"教师张俐以前是这样认为的,但学校的主题系列教研活动彻底改变了她的认识。基于课堂教学研究,张俐写了一篇教学反思,又从一篇反思变成一篇论文。经历了对论文的不断打磨,张俐又发现,论文写作与课堂教学贴得那么近。

"我经历了一次'琢玉'的过程,没有这个过程,我恐怕还不能对教研主题有这么深刻的感悟。"张俐说。

重新定义课堂观察

课堂观察是汾湖实验小学教师的必修课,他们不仅要选择样本学生,还要设计观察量表;不仅要撰写观察报告,还要进行个性反思。

"观课结束后,至少要找 3 个学生进行访谈。"这是华东师范大学课程与教学研究所博士周文叶的一个习惯。

前不久,汾湖实验小学举行了第十三届成长课堂研讨会,研讨会的主题是"走进深度学习"。顾嫣宏执教《认识负数》一课,教师沈骏杰以"学生是否真正投入学习"为主题,进行了课堂观察。

"学生高投入的学习状态是深度学习的基本表现和重要保证",基于这个理念,沈骏杰将学生学习的投入状态分为 3 类:非投入状态、一般性投入状态、深度投入状态。其中,非投入状态主要表现为走神、做小动作;一般性投入状态主要表现为倾听、举手回应、动手操作;深度投入状态主要表现为主动质疑、补充纠正、创造。

基于对学生学习投入状态的理解,沈骏杰和几位同事经过多次研讨、分析,制作了课堂观察量表。

在顾嫣宏执教的课堂上,沈骏杰带着观察量表,选取了 4 个样本学生。其中 3 个学生分别在优秀生、中等生、潜能生中选取,还有一个学生则是随机选取的。沈骏杰将他们在课堂每个环节的学习表现记录下来,课后再将信息进行汇总、分析,最终生成完整的课堂观察报告:

"学生 1 和学生 4 比较活跃,多次举手想回答问题,对他人的回答认真思考并提出一些质疑,大部分时间处于深度投入状态;学生 2 的表现没有那么积极,只有少部分时间处于深度投入状态;学生 3 比较沉默,很少举手,大部分时间处于一般性投入状态。"

在汾湖实验小学,教师的课堂观察必须要生成有现象、有思考的文字报告，字数一般在2000字左右。

课例研修提升实践智慧

　　课例研究是汾湖实验小学最常用的一种研究模式，集教学设计、课堂观察等环节于一体。

　　在第三届成长课堂研讨会上，张菊荣呼吁建立有学习空间感的课堂。低年级语文组教师蒋银华开始反思自己的课堂，她不断问自己："学生在我的课堂上是学习的真正主人吗？"这激发了她对有学习空间感的课堂的向往。带着这份向往，蒋银华开始了自己的"三上三磨"。

　　第一次执教《小松树和大松树》时，蒋银华生怕漏掉哪一环节，担心时间不够、目标完不成。上完课后，她不仅没有成就感，而且感到很疲惫："这么累的教学，学生的空间何以实现？"

　　带着这样的问题，蒋银华与专家、同事开展了第一次议课。周文叶说："蒋老师准备得很充分，教得很多，我连记听课笔记都来不及，可是学生读、说的机会到底有多少？"崔允漷的课堂教学过程计时器表明，蒋银华与学生之间一对一的问答居然有78次。张菊荣认为："这催生了课堂看似繁华实则凌乱的信息碎片，学生没有真正的学习空间。"

　　议课之后，蒋银华推翻了原有的教学框架，连夜开始了第二次教学设计，"这次一定将学习时间还给学生，自己尽量少说"。

　　第二次执教，蒋银华仍然感觉不到轻松，总觉得心里缺失了什么："课堂充分考虑了学生的空间，注重小组交流，学生练习的时间也多了，但为什么还是没有实质性提升，难道还没有把学习空间打开吗？"蒋银华急切地等待大家的帮助。

　　崔允漷将两次课进行比较：第二次课虽然给了学生活动的时间，但教师一直在讲零散的内容，学生不应该在这些知识上浪费时间。"我们要追求大开大合的课堂结构,只有这样才能为学生的学习创造空间。"张菊荣建议。

在此基础上,蒋银华完成了第三份教学设计,并进行了第三次执教。在期待与忐忑中,蒋银华与学生一起上完了难忘的一课。学生的表现让教师惊讶,每个学生都投入学习,原来,许多知识教师不教学生也会。

学习空间就这样被打开了,蒋银华真正做到了"不该教的不教,该教的才教"。"原来的课堂,教师为什么累?因为教师总是替学生学。"蒋银华总结。通过课例研究,蒋银华成了一名引领者,引领语文组教师打开学生的学习空间。

"深度发展团"是汾湖实验小学教师成长的又一个家。每个学期,教师都会一起研修,相互切磋,相互影响,共同发展。

2013年,初到汾湖实验小学的教师姚耸加入了深度发展团,他在这里感受到的不仅是明白了怎样上好一堂课的获得感,更多的是研修文化带来的震撼。

姚耸将酝酿了7天的综合实践课"校园竹旅游"设计初稿上传到"深度发展群"。出乎姚耸意料,他的教学设计迎来的不是赞美而是批评——"你的教学目标指向谁?""教学目标不明确。""评价任务格式不太标准。""第二个任务能否达成第二个学习目标?""任务能否放大一些?"……

"这是提高自己教学素养的好机会。"姚耸基于大家的观点,提出了自己的疑问:目标怎样表述?任务怎样续写?这些问题引发了教师们的热议。汲取大家的智慧后,姚耸焕然一新的教学设计终于出炉了。

"深度发展团的教师们抱团成长,用积极态度进行教学研究,补短板、扬特长,在深度的研讨和实践中发展自我。"姚耸说。

课堂誓词形成文化约誓

"如果我的学生没有开始学习,我的教学就不能开始;我必须警惕,警惕身处课堂的孩子们心在别处,我的责任是把他们的心思引回到动人的学习中来;学习始终是学生的事情,我所能做的,只能是助学,而不是替学……"这是汾湖实验小学的课堂誓词。全体教师严肃认真地进行课堂约誓,已经成为学校的一道风景线。

第一次约誓后,有的教师感慨:"约誓活动让我很震撼,我今后一定按照课堂誓词的内容要求自己,让学生在课堂提高学习品质,享受精神成长。"

对于汾湖实验小学的课堂誓词,张菊荣曾专门进行解读:"走进课堂的我们,切不可心里只有教学设计,首先看到的应该是学生,先安抚好学生,课堂教学才有意义。我们不仅要在上课前的一两分钟关注学生,在教学设计、日常生活中,也要让这种意识深入内心。教师尊重学生、关注学生,学生也需要尊重和关注教师,互相尊重与关注,才能产生高效的课堂教学、温暖的人际关系。"

心里装着学生,这是汾湖实验小学教师共同的约定。其实,张菊荣更希望这种约定成为一种自然状态,这样才能让学生和教师都有所改变、有所长进。就像誓词最后一句说的那样:"40分钟前,你是这样的你,我是这样的我;40分钟后,你还是这样的你,我还是这样的我。那么,这40分钟的生活我们都白白虚度了。"

这份课堂誓词,是汾湖实验小学教师衡量自己课堂的一个标准。与主题教研、课堂观察不同,课堂约誓培养的是教师共同的教育教学价值观,而这种价值观,也是成长课堂重要的内隐研训。

汾湖实验小学课堂誓词

1. 如果我的学生没有开始学习,我的教学就不能开始!

2. 我必须警惕,警惕身处课堂的孩子们心在别处,我的责任是把他们的心思引回到动人的学习中来。

3. 学习始终是学生的事,我所能做的,只能是助学,而不是替学!

4. 我必须怀着清晰的目标走进课堂,因为以己昏昏绝不可能使人昭昭。

5. 我要做的工作,就是引发学生的学习行为,然后收集、处理学生的学习信息,从而正确推进学习,一个无视学习信息的教师是在蒙着眼睛上课!

6. 我不迷信顺畅的课堂,如果没有经历学习的困难,也就无法获得学习的品质,更难以享受精神成长的感觉!

7. 我不要蜻蜓点水、面面俱到的教学,这种教学看似什么都教了,实际上学生什么都没学到。教,要教得透;学,就学到位!

8. 40分钟前,你是这样的你,我是这样的我;40分钟后,你还是这样的你,我还是这样的我。那么,这40分钟的生活我们都白白虚度了。

智慧课堂破解大班额难题

真正的课改必须由改课走向学校文化的重建,真正通过解放师生,改变其心智模式和生命状态。

山东省临沂市第十一中学(后简称临沂十一中学)从"235 导学一体"教学策略到智慧课堂的探索,为我们提供了一个有研究价值的样本。更难能可贵的是,智慧课堂有效破解了大班额学习的多种难题。

观察课堂有三个层面:显态、含态、潜态。显态层面可以看到课堂是否满堂灌、是否采用小组合作等,含态层面可以看到课堂推进机制、学生思维品质、师生生命状态等,潜态层面可以看到教师的教育价值观、教师的心胸与格局、学校文化的灵魂。

临沂十一中学的课堂,最令人印象深刻的是其教学技术、模式的创新,是智慧课改的探索,是对大班额难题的有效破解。

改课"三亡":亡退路+亡恐惧+亡抱怨

2012 年 7 月,刘书君被任命为临沂十一中学校长。在深入调研的基础上,刘书君绘制了清晰的课改路线图,准备掀起一场静悄悄的课堂革命。

认定的事就要坚持不懈地推动,绝不给自己留退路。这是刘书君一贯的做事风格。2013年9月,刘书君在学校大门口竖了一块醒目的牌子,上面标明学校课堂教学改革的路线图和时间表:"235导学一体"教学,让学生在课前借助微视频等辅助手段自学,自主完成学习任务单,课堂上通过"对学""群学""助学""测学"等环节,完成知识的吸收与内化。经过2—3年探索,彻底改变传统课堂形态,形成独具特色的现代课堂模式。

"我在校门口竖牌子,就是把教学改革的目标和决心公示给全校师生、全体家长及社区群众,不给自己留任何退路。"刘书君说,"不仅要堵住改革的退路,而且要战胜对改革的恐惧,杜绝不负责任的抱怨。"在刘书君看来,许多对课改的恐惧,都是因为没有认真、扎实推进课改而产生的,"方法总比困难多,只要全身心做了,问题总能迎刃而解"。

在选取实验班进行"少教多学、学案导学"教学模式改革的基础上,临沂十一中学于2014年10月梳理、总结出独具特色的"235导学一体"教学策略。"2"是指学生学习的两个时间段:课前自主学习和课堂知识内化两个阶段。"3"是指教师备课的三个步骤:编制自主学习任务单、制作微课、组织课堂导学。"5"是指学生学习的五个环节:自主学习、同伴互助、疑难突破、训练展示、归纳反思。

在课前自主学习阶段的自学环节,学生借助微课自学,完成"自主学习任务单",并将自主学习遇到的未解决问题反馈到"自主学习任务单"上。在课堂知识内化阶段,主要通过小组对学与群学、教师助学与测学逐层解决问题。

在刘书君看来,该教学策略通过对知识传授和知识内化的颠倒安排,对课堂时间的使用进行重新规划,能充分体现学生学习的主体地位,能真正落实"以学为主"的现代教学理念,实现对"以教师为中心"的传统教学模式的革新。

2016年5月,临沂十一中学对"235导学一体"教学策略进行升级,命名为智慧课堂。据副校长孟黎介绍，智慧课堂按空间分为在校和在线两部分。在校就是指学校在实体课堂实施"235 导学一体"教学策略，配合平板电脑进行学习。在线是指学生在家利用网络完成作业，通过名生论坛等活动进行在线交流。智慧课堂按时间分为三个阶段：课前、课中、课后。课中利用平板电脑通过云教学平台落实问、学、练、测的"235 导学策略"，课前及课后利用平板电脑在线预习研讨、质疑解难、交流互动。

智课"三创"：创技术＋创模式＋创机制

临沂十一中学位于中心城区，地处小商品城，受办学场地、师资力量的制约，近年来"大班额"问题日益凸显。目前，学校班额均在 75 人以上。教学改革之前，教师课堂管理、教学调控难度大，面向全体学生施教力不从心，致使学生两极分化。

然而，在智慧课堂，学生人手一个平板电脑，学习中遇到的问题、困惑随时推送，教师能方便地实现对每个学生学习的全程监测、动态把握，改变了部分学生懒学、怠学、不学的状态，轻松实现了师生互动、生生互动、实时互动。学生无论在课上课下，还是在校在家，都能随时、随处学习，教师、同学、家长还能全程助学，打破了传统教与学的时空边界，实现了"人人皆学、处处能学、时时可学"，有效化解了大班额学习的多种难题。

魏元杰是临沂十一中学的一名数学教师，兼任八年级（5）班班主任。每次上新课的前一天，他都会利用云教学平台推送自主学习任务单或微课到学生平板电脑。学生在平板电脑上观看或直接作答，魏元杰在后台查看全班学生学习情况，谁已经观看微课，谁没有提交自主学习任务单，谁什么时间提交的，都一目了然。"教师对提交的任务单可以随时进行批改,学生能收到教师的批改信息。"魏元杰说,"学生可以及时接收到预习所需的'学材',避免了印刷试卷和拷贝微课的麻烦,同时也可以及时获得教师的指导。教师可以及时获得学生学习的信息,便于了解学情,也为备课做好了准备。"

笔者听了魏元杰老师一节课。第一个环节是小组组内反馈自主学习情况,并提交解决不了的问题。全班学生人手一个平板电脑,小组合作学习之后反馈的问题瞬间投影在教室前面的白板上。

"测学"环节,魏元杰把题目发送到学生平板电脑,学生直接作答。魏元杰也手拿平板电脑在教师端查看全班学生完成情况。哪些学生已经提交,哪些学生没有提交,在白板上都能清晰显示。教师可以查看提交学生的解答过程,将出现的典型问题,投影到白板上,及时对全班学生进行讲解;还可以随机挑选一个学生的解答,推送给全体学生批改。"这改变了传统课堂在黑板上做题只能几个学生得到展示的弊端,使每个学生都有均等展示的机会,这必然让每个学生都全力以赴,积极性和主动性得到极大提高。"孟黎介绍说。

课后座谈时,魏元杰介绍说,智慧课堂还可以利用网络资源搭建班级线上虚拟"自习室",学生轮流做"教师"主持"自习室"活动。学生在家完成预习任务后,可以向家长申请开放网络,加入"自习室"对预习或作业中出现的问题进行初步讨论并解决。没能及时参与讨论的学生,可以观看"自习室"的回放,对自己的问题进行订正。

魏元杰认为,这个过程,教师、家长和学生都能参与,只要有网络和手机、平板电脑等就可以进行。自习过程形成的视频自动保存到网络,随时可以回放,真正实现了"人人皆学、处处能学、时时可学"。

"智慧课堂会不会加重教师的工作负担?"陪同听课的临沂市兰山区教研室主任池肖杰直言不讳。对此,魏元杰认为,智慧课堂的信息技术手段可以让教师及时、方便、高效地把握学情,能有效减轻教师工作量。

比如，客观题完全可以自动批改和统计，课堂上即时完成；教师推送主观题，学生在平板电脑提交答案后，电脑上会自动出现答案解析和解答过程，教师在自己的平板电脑上也可以方便地浏览和批改，不用再统计谁没有完成。如果不是典型错误，学生在平板电脑上看解析就可以自主解决，不用教师再花费大量精力进行讲解。

实地调研智慧课堂后，临沂市兰山区教育局副局长孟令香认为，小组合作、同伴互助，可以督促和激励每个学生都参与到学习中。学生利用互联网资源进行主动学习和个性化学习，有效缓解了大班额学习无法让每个学生都获得必要的学习材料和帮助的弊端。

课改"三放"：解放思想＋解放学生＋解放教师

"课改的本质是教育文化的再造。"在刘书君看来，真正的课改必须由改课走向学校文化的重建，真正通过解放师生，改变其心智模式和生命状态。"智慧课堂上，学生是真正的主人。在此基础上，还要让学生成为班级管理的主人、学校管理的主人。"

"管理可以造福，也可以作孽。过度勤快包办一切的班级管理就是在作孽。民主、宽松、个性张扬的环境才能造就真人才。"这是临沂十一中学课改名师王媛媛分享的她的带班经验。

在王媛媛看来，智慧课堂的核心是民主开放，学生的舞台必须让学生做主。所以，她痛快地放权了："发展团员，我不管，这是团支部的事；班级纪律我不管，这是值日班长的事；收费缴费我不管，这是生活委员的事；卫生打扫我不管，这是卫生委员的事；课间操动作规范我不管，这是体育委员的事；某学生某学科弱了我不管，这是小组长的事；科代表不负责任我不管，这是学习委员的事。学生的学习，当然也是他们自己的事……"

王媛媛班级自主管理的核心经验是"三条线":第一条线是值日班长,周一到周五5个值日班长负责班级日常管理,并记录在班级日志上。第二条线是班委。例如,学习委员主管科代表,对各学科或督促或鞭策;卫生委员下设4个卫生组长,一组一周,严要求勤检查。各人负责好、记录好各自的工作,在班干部例会时总结得失。第三条线是合作小组组长,每组的一号、二号是组内灵魂人物,负责组内所有事务。

阿姨,您好,我是秦洪伟的组长。前不久,我第一次让秦洪伟拿记录本回家签字,您翻看后写下了一段感情真挚的寄语。此后,秦洪伟有了明显进步……他现在的问题主要有:一是英语听写不够好,不能够专注,听写后不进行改正、巩固、反思,草草了事。二是成绩起伏大且频繁,说明秦洪伟心态浮躁……希望您能监督他,让他有更大的进步。

谢谢组长。关于秦洪伟身上存在的缺点,希望组长在学校加强督促和检查,制定激励、惩罚措施,使之改变不求上进、学习不认真的态度。以后每周可以专门沟通一次,我们在家也加强监督……

这是七年级(6)班第五小组组长郁舒婷与组员秦洪伟家长的书面交流。在智慧课堂的教学环境下,郁舒婷释放出巨大的潜力,不仅学习优秀,在班级管理、小组管理中更是积极主动。帮助组员补课,给组员家长打电话汇报情况,在小组合作记录本中与家长进行良好互动,由此形成了"郁舒婷现象"——由于分到她小组的同学成绩都会提升,以致总有家长打电话要求把孩子分到她的小组。

在鼓励、引导教师解放学生的基础上,为了更好地解放班主任,促进骨干教师专业成长,临沂十一中学在八年级进行了"双线"管理实验,给每个班级配辅导员，让班主任能有更多的时间和精力探索班级管理之道。

  在这样的背景下，王媛媛有了更多学习和阅读的时间。她也会将自己的学习收获和阅读心得拿出来与学生交流。例如，她在读了吴牧天的《自觉可以练出来》《管好自己就能飞》之后，向学生推荐了这两本书，并举行了班级阅读交流活动。"我的目标是什么？我现在在做什么？我现在做的事对我的目标有帮助吗？"关于自我管理的这三句话正在全班学生心中生根。

走向共创型教学关系

"**发**展必须主动，成长不能代替。"山东省潍坊外国语学校推行设置目标、达成目标、反馈目标的"三标课堂"，不仅改善了教学流程，改进了教学关系，而且重塑了课堂教学价值观。"三标课堂"给我们的最大启示是：真正的教学是多学少教，真正的教育是多育少教，真正的管理是多理少管。

"父母不要靠，老师不要依，自己命运自安排，自己快乐做自己。志要自己立，书要自己习，自己学习自己抓，自己就是好老师。路要自己走，饭要自己吃，自己事情自己做，自己开辟新天地。"上课铃响后，走进山东省潍坊外国语学校的课堂，便能看到全班学生集体站立，共诵"三标课堂自主歌"。这是该校课堂改革的一道风景。

从学生个体出发，把时间和空间还给学生，让学生尽可能多的说和做，是潍坊外国语学校课堂改革、提高课堂教学效益的精髓所在。潍坊外国语学校2001年建校，伴随着全国第八次课程改革一路走来，每一步都在关注课堂、聚焦课堂、放大课堂、探微课堂、解剖课堂、评价课堂，逐渐形成了"三标"课堂教学理念，越来越逼近现代课堂的本质。

重塑课堂三观

"三标课堂"是课改专家孟国泰十多年课改实践的升华，是他围绕课改本质不断思考的结晶。据校长胡东文介绍，"三标课堂"的宗旨是把课堂还给学生，让学生成为学习的主人；给学生最大的发展空间，让学生主动学习，进而培养学生创新精神和实践能力。"三标"是指设置目标、达成目标、反馈目标。"三标课堂"的标准是：尽可能多的说与做，学生成为主角；充满精气神，学习成为快乐；比学赶帮超，高效成为结果。"三标课堂"的标识是：自主学习、合作学习、探究学习。"三标课堂"有三把标尺：导案统领、小组合作、个体灵动。

"三标课堂"就是要构建一个"多快好省"的课堂。多，笑声多、掌声多、欢呼声多；快，快速、快捷、快活；好，设置目标好、达成目标好、反馈目标好；省，省时间、省精力、省资源。对教师而言，组织引导学生是快乐的，疏导、引导是快乐的，激励、夸奖是快乐的。对学生而言，自主学习是快乐的，合作学习是快乐的，聚精会神、专心致志是快乐的，持之以恒是快乐的，观察是快乐的，识记是快乐的，思考是快乐的，想象是快乐的，创新是快乐的，做人是快乐的。

"让学生尽可能多的说和做，是'三标课堂'建设的核心。"胡东文认为，要真正落实"三标课堂"的理念，真正实现学生的主体地位，首先要改变传统课堂教师垄断讲台的授课模式，努力创设一种平等交流、共同分享、合作共赢的"学习场"，使课堂在真实场景下进行并收到真正的实效。

基于此，课堂必须立足个体，面向全体，以促进每一生命个体的自主发展为课堂教学的价值方向。教育就是唤醒，教学就是导学。"课堂教学就是要最大限度地追求学生核心素养、教师专业素养和师生生命质量的整体提升。"

"三标课堂"要求教师必须"三变""四绝不""七做到"。"三变",即讲堂变学堂,教材变学材,教师变导师。"四绝不",一个好教师绝不用自己的思维束缚学生的思维,而是激励、呵护学生可贵的创新意识与灵性火花;一个好教师绝不用书本上的思想禁锢学生的思想,而是极力培养学生的独创性;一个好教师绝不灌输知识,而是引导学生自己发现知识、获取知识、运用知识;一个好教师绝不代替学生思考、判断,而是引导学生自己思考、判断,从而使学生具有独立思考和判断的能力。"七做到",即要做到相信学生,解放学生,发现学生,疏导学生,赏识学生,调动学生,发展学生。

为此,潍坊外国语学校制定了《潍坊外国语学校行动宣言与实施纲要》,并明确提出:学生不是被动接受的容器,而是具有主观能动性的个体。教育要成功,就必须充分发挥学生的主观能动性,让他们明白一个道理——自己就是好老师。

再造学习流程

让学生成为课堂的主人,并不是排斥教师讲,而是主张教师"精讲",在课堂教学中起到画龙点睛的作用。教师在课堂上最大限度地满足学生发展的需要,尽可能做到让学生在"活动"中学习,在"主动"中发展,在"合作"中增知,在"探究"中创新,充分体现学生学习的自主性。问题让学生自己去解决,规律让学生自己去发现,方法让学生自己去寻找,结果让学生自己去探究。"三标课堂"实现了学生自定目标、自己出题、自主批改、自主评价等多维度多环节自主学习。

"三标课堂"教学流程有三个主要环节:

设置目标(约3分钟),即第一标。课前,教师根据课程标准、教材要求、学生实际,设置课堂学习目标。上课时,教师安排学科班长把学习目标抄写在黑板的固定位置。上课后,师生一起(拍着头、拍着手、跺着脚)朗读"三标课堂自主歌"后,教师进行释标,并引导学生读标,做到心知肚明、有的放矢。

达成目标(约 30 分钟),即第二标。按照"三标导案",让每一个学生自学(自管、自创、自做、自教),学不会的,同学间互帮互教;仍然学不会的,小组长帮扶帮教。

根据目标任务化、任务问题化、问题能力化"三化"原则,导学、导做、导管、导教的"四导"原则,体乐、情乐、智乐、创乐、和乐的"五乐"原则,按照"个体—对子—小组—全班—教师"的顺序,全班学生分层展示、点评,依次解决问题。学生可以采用讲、说、谈、评、议、辩、唱、写、画、做、演等形式,不拘一格,过程中教师多关注潜能生。

在这样的学习过程中,学生心态积极、心情舒畅、兴趣浓厚、观察敏锐、记忆快准、善于表现、勤于实践、精于完善。与此同时,教师做好组织、调动、调节、疏导工作,适时进行激励、赏识、点拨。

反馈目标(约 7 分钟),即第三标。这一环节要求"一课一测,当堂总结",可以是学生自主出题,也可以是教师出题,由学生独立完成。学生交换答卷、互批互改、赋分签名。学科班长梳理本课所学,学生(尤其是"潜能生")自我反思、内省升华、堂结堂清。

据潍坊外国语学校书记丁清文介绍,在深入掌握"三标课堂"的基础上,多名教师生发出个性独特的教学法,如教师孙爱琴、孙珍菊等借鉴英美国家英语学习方法,把自然拼读教学法融入英语课堂,让学生见词能读、听词能拼,提高阅读能力;教师李秀红"主题习作,日记接力"教学法曾获潍坊市政府教学成果奖;教师王燕凌"智趣数学"教学法,自编数学故事、巧设数学问题,将枯燥的数学知识变成充满趣味的"思维场";教师王洪杰快乐书写教学法,把写字变成一种快乐……

升级教学关系

"实行三标课堂以来,学习变得轻松、有趣,我们班成立了互帮互助小组,有困难可以寻求对子的帮助。"学生张峻豪如是说。学生苏子晴则这样说道:"自主学习、对子学习、小组解决问题过程中,那些不爱表达的学生逐渐有了表现的欲望。课堂上教师讲得少了,将更多的时间交给了我们,同学们越来越活跃了……"

在学生成为课堂主人的基础上,潍坊外国语学校逐步让学生成为学校的主人。据副校长于爱华介绍,学校现有包括合唱团、管乐队、舞蹈队、田径队、篮球队等学生社团 100 多个,吸纳了全校 70% 以上的学生。所有社团都由学生自主选择、自主管理。2016 年 5 月,学校青昱文学社成员崔张睿敏的文集正式出版发行,这不仅是学生崔张瑞敏敏而好学、勤于笔耕的见证,更是潍坊市外国语学校建校以来含英蕴秀、人才辈出的例证。

前不久,教师孙瑞华在她所教班级开展课本剧表演活动,学生自编、自导、自演文言文课本剧,这是班级开展"今日我演讲"活动的延伸。活动当天,孙瑞华邀请班主任和两位学科教师做评委。每个小组都精心准备了课件,学生旁白、对话、展示一气呵成,最后评出了最佳小组和最佳主角、配角,并一一发表获奖感言。这些流程完成后,原本应该孙瑞华做总结,但她把机会再次给了学生。"说真的,我很想说话,但是孩子们表现太好了,我还是决定让学生自由发言,没想到学生说的几乎都是我想说的。"孙瑞华说,"由此我想到,当老师管住嘴,学生就成了真正的主角,学生就是最好的老师。"

像孙瑞华一样,改变了教育教学的心智模式之后,越来越多的教师开始了基于专业问题的研究。据副校长张文然介绍:"目前,各项教育教学活动在紧锣密鼓且高效有序地展开,其中教师教育行动研究活动掀起了课堂教学改革的高潮。截至目前,学校 126 名一线教师全部有了自己的小课题,并完成了 104 个小课题的开题报告,使科研真实地走近教师、走进学科、走进课堂。"

有专家考察潍坊外国语学校后,认为学校教学关系正在形成一种共创型教学关系,即教师与学生共同创造,学生与学生共同创造。这种共创型教学关系,让教师的主导作用淡化了,学生真正成为主人。学生既是主体,又是主导。因为生即是师,所以师生就表现出良好的生命状态。

对此,胡东文兴奋地说:"我们致力于'三标课堂',为每个孩子的成长而快乐;我们执着于'三标课堂',为每位教师的成熟而欣慰。"

发现课改的"道门"

课改的实质是改人。改课只是形式和手段,通过改课来改人才是课改的意义和目的。

潍坊外国语学校对此认识深刻,其"三标课堂"从重塑课堂三观到改进教学关系,从教师的"三变""四绝不""七做到"到学生学习流程的改变,就是让师生认识、体验到"自己就是最好的老师",就是让教师明白"改课—改己—改人"的课改逻辑真谛。

课改要深化,必须找到课改的道门。什么是课改的道门呢?其秘密就在"一阴一阳之谓道",就是说深化课改必须有阳有阴、阴阳平衡、把握阴阳。再说明白点就是:基于有形生成无形,基于外在生成内在,基于规范生成创新。

如何基于有形生成无形?课改之初,导学案、课堂模式、学习小组等都是不可跨越的,这些就像幼儿学习走路用的学步车,不会走时是需要的,会走之后就可以不要了。也就是说,课改到了一定阶段,这些有形的工具与手段是需要超越的。这样才出现了去除导学案、无师课堂、第三种教学关系等。潍坊外国语学校基于"三标"又超越"三标",正在实现从有形到无形的超越。

如何基于外在生成内在?从根本上看,人与人的不同,核心在于思维方式,思维方式变了人就变了。就像孙瑞华老师那样,当发自内心地认同"当教师管住嘴,学生就成了教师"时,教师的内在就开始真正改变了,因为他们的教育教学价值观改变了、思维方式改变了。当这样的教师由一个变为多个时,当教师团队形成合道、共享的教育价值观时,学校的内在就开始改变了,教育的内涵就开始升级了,真正的文化就开始升华了。正是基于此,胡东文校长才说:"好庙要有真佛在,好学校要有好教师。"

如何基于规范生成创新?规范是创新的基础,创新是规范的超越。创新是不可"教"的,甚至是不可"学"的,却是可以"生"的。如何生成真正的创新呢?创新意味着"无中生有",意味着灵感,与"灵感"紧密相连的是"空灵"——"空"时灵感就来了。"空"就意味着制心一处、超越名利、无私无我。真正的突破性创新一定来源于此,这也是人生命升华的至高境界。

总之,深化课改必须既要重视看得见的"阳",又要重视看不见的"阴",把控阴阳自然无所不能。

一所没有班干部的学校

您能想象这样的事实吗?

一所1000多人的九年一贯制学校,没有教学副校长,没有政教处和教导处,没有班长和其他班干部,老师走下讲台,学生的吃喝拉撒睡由学队长负责,学生每日表现都要纳入"升级榜",不允许布置课外作业,不允许加班加点……

这所没有班干部的学校就是河南省宜阳县双语实验学校。

把学习小组升级为学队

在很多学校,一个班级会设有班委会、班长、副班长、学习委员、纪律委员、生活委员、体育委员、正副组长等职务,有职务的学生要占班级人数的三分之一还多。

对此,宜阳县双语实验学校校长葛徽认为,一个老师管理几十个学生尚且都有困难,让一个学生管理几十个学生等于让他什么都管,到最后什么都管不了,根本谈不上管理的科学性和时效性,还容易培养出"小官僚"。

针对此种情况,葛徽想出了一个"妙招":把原来的学习小组改造成学队,让学生自己选举最有能力的学生做学队长,建立班主任领导下的学队长负责制，分块包干，分工负责，一个人管理 5 至 8 人。学队在学队长的带领下实现集体预习、集体自学、集体执行任务。队长与队员之间、队员与队员之间相互监督、相互帮助，实现真正的民主选举、民主管理、民主决策、民主监督。

学队与小组有什么质的区别？葛徽校长认为：学队是由班级中 5 至 8 名学生组成的"基层学生自治机构"，以自我管理、合作学习、共同成长进步为目标的成长小分队，带有明显的任务性质，而原来的小组则是班级中最低的行政机构，带有明显的行政性质；学队作为学生的基层自治机构，有着明确的组织目标、组织原则、议事规则、独特的学队文化，每个队员都有强烈的归属感，而小组则没有或者不完全有。

学队长制与班长制有哪些区别？常洪涛老师总结了三点：

一是学队长由队员选举产生，实行竞争上岗，而班长往往由老师任命。学队选举产生一名队长，其他队员在学习、生活、纪律、卫生、就餐等方面详细分工，每位队员都是学队的主人，人人参与，共同进步。学队每天都要进行评比，学队长在学队会时间总结汇报一天的综合情况。

二是学队长综合素质提升很快，没有"行政化"作风。学队长经常和队员沟通，培养了语言表达、领导合作等多种能力。他时刻以榜样要求自己，自身素质不断提高。所有成员地位平等，不会有"行政化"的影子。

三是学队内部既有合作又有竞争，荣辱与共。学队队员之间既是竞争对手，也是团结合作为本队争光的合作伙伴。学队成员做得好，会得到荣誉和掌声；做得不好，即使老师不批评，队长和其他队员也会督促其改正或写错误反思。

学队制管理带来的改变

"丁零零……"放学铃声敲响之后,学生们并没有飞奔着跑向餐厅,而是排队到达餐厅;各自打完饭后也没有急于就餐,而是整齐地站在座位旁,等全体学队成员全部到齐背诵感恩辞后,方才动筷子。

"感谢祖国培养,感谢父母养育之恩,感谢同学关心帮助,感谢农夫的辛勤劳作……"据李渊博同学介绍,每班就餐之前要高喊自己的感恩辞,感恩辞每隔一段时间还会更新。

这只是宜阳县双语实验学校学队制管理的冰山一角。据葛徽介绍,学队长在班主任领导下,负责本学队预习、合作学习、卫生管理、纪律管理、生活管理、宿舍管理等各项工作——既要负责领导本学队成员参与制定班级的各项规章制度和本队《队约》,又要监督本学队队员遵守班级和本队的各项规章制度,既要负责对本学队成员进行培优、补差、纠错,又要负责带领本学队队员完成各项学习、成长任务……

在宜阳县双语实验学校的教学楼里,到处可以看到以诸如"火箭队""精英队""猛虎队""快乐队"等为标题的文化板块。这些文化板块的内容主要由学队公约、个人风采展示、个人发展目标、学生或学队之间的挑战书等组成,充满着生机与活力。这是该校创建学队文化的一个窗口,其目的是形成温馨和谐、互帮互学、敢打善拼、共同拼搏的学队文化。

实行学队制管理之后,学生的学习状况和日常表现就不再是自己一个人的事了,其他队员都要关注,因为这关系到集体荣誉。自己的一言一行、一举一动都反映着学队的形象、荣誉,代表着整个学队的水平,这也提醒学生要格外注意。有了学队,老师与学生之间发生直接冲突的机会就少了很多,不管哪个学生出了问题,学队长会首先处理,当学队长处理不了时,再由老师出面解决。

在宜阳县双语实验学校,学生从早上起床到晚上就寝休息,生活、学习等各项事情,学队长都要去考虑。学队长对班主任负责,由班主任定期考核。学队中有人表现不好,拖了整个学队的后腿,学队长和其他队员就会及时提醒他,并督促其改正。

学队制实行每日晨会和每晚寝前会。学队之间"暗自较劲儿",相互竞争,如果谁给团队抹黑了,学队长和其他队员都会积极督促其纠正。因此,每个学队队员都不愿意落后,都会积极主动学习,违纪现象大为减少,学生品行日益改善,学习成绩进步率达到100%。

"这个管理就像部队执行任务的小分队一样,倡导不落下一个人,要成功都成功,要失败都失败,这种机制不自觉地培养了队员的团队合作精神和主动学习的能力,不用班主任督促,他们自己就会对自己的学习上心。一些学生刚进校时网瘾很大,但是一段时间过后,网瘾就不知不觉戒掉了,因为在这种机制作用下,学生每天想得最多的就是如何去表现自己、如何去升级,没有多余的时间想别的事,上网的事自然就抛在脑后了。"葛徽说,"学队文化建设让学生深深体验到学习真的是自己的事情,自己才是学习的主人,积极参与,学会合作,协同进步、共同发展是个人成长的必由之路。"

有专家考察后评价认为,学队制管理,使日常的学生管理工作由政教管理、教师管理模式演变为以学生自治管理为主、教师管理为辅。这改变了以往学生"被管"的常态,学生成为自我管理的主人。因此,尽管学校没有政教处,学校的德育功能不但没削弱,反而因为学队制的实施把德育的工作落实得有声有色。同时,学队制管理和学生的民主自治制度,让一部分管理工作分流给了学队和学生自己,减少了老师的管理内容,减少了师生间的矛盾和对立,减轻了老师的管理负荷,降低了老师的管理压力,融洽了同学关系,促进了师生的和谐。

学队制背后的文化支撑

宜阳县双语实验学校的学队制管理的成功实施,与该校的管理体制和运行机制密不可分。

就学校管理而言,从校长到学生,不少学校需要经过"校长—副校长—教导主任、政教主任—年级主任—班主任—班长、副班长—班级委员—小组长—学生",一共9个层次;在宜阳县双语实验学校只需要"校长—部长—班主任—学队长—学生",共5个层次,去行政化的同时真正做到了"人人有事做,事事有人管"。

学校只有一个校长,没有副校长,没有教导处,没有政教处,没有分管小学、初中的专门领导和机构。学校设有行政部、后勤部和教育科研部,小学部、初中部是两个教学执行机构。每个部只设一个部长,整个学校内外工作都由这5个部门分工负责。学校实行扁平化管理,对工作进行详细的分工和具体的绩效考核,奖勤罚懒,奖优罚劣。

作为校长,葛徽只管5个部长,其他的事情都由部长再向下落实。"很多时间,我都在从事教育教学研究。我本人行政上的事情并不多,我们的部长执行力都很好,我每天感觉很轻松。"葛徽说。

回想起这次改革,八年级班主任李雪景说:"撤销班长时我们都把心提到了嗓子眼上,这要试不成,班级非炸开锅不行。可撤销班长,实行学队制后,效果好得出奇。原来每天都有大量的学生向班主任反映问题,我忙得不可开交;现在我一下子清闲了,因为大部分问题学队长就处理了。实行学队制后,学生都不想给自己的学队丢脸,也就不再出问题了。"

高中德育如何课程化

"不少人宁肯不做事业与家庭的'中流砥柱',而心甘情愿地将自己归入'下流社会'的行列。"这是日本作家三浦展在《下流社会》一书中对日本当代青年精神现状的描述。

"中国青年同样面临这样的问题!"浙江省建德市新安江中学校长赖忠林对此充满忧虑,"当前的高中生在市场经济、网络文化和家庭少子化的环境中长大,优点是知识面广、追求时尚、多才多艺;缺点是对生活和人生缺乏严肃思考,待人处事小家子气,学习做事比较懒散,甚至甘于平庸。"

面对一群不积极作为、缺乏担当的"郁闷"青年,学校又该如何培养他们成为社会的中流砥柱?赖忠林的思考是:"士不可不弘毅!弘,就是志存高远,待人处世豁达大气;毅,就是意志坚韧,能为实现愿景抱负而坚持不懈。只有培育学生志存高远、胸襟豁达、意志坚韧的弘毅精神,中国的青年才有力量,中国的未来才有希望。"

本着德育课程化的指导思想,赖忠林在新安江中学重点打造了三类德育课程。

在自主管理课程中奋发

一入学,每位新生都要为自己设计一棵"愿景树",这是新安江中学多年一贯的做法。"愿景树"有高一、高二、高三三个学年六个阶段,每个学期的发展目标包括"学业抱负""兴趣特长""实践能力""身心发展"四个方面,在此基础上再设计一个"长远发展目标"。

已经毕业的余芳同学的"愿景树"目标设计得比较务实,操作性较强,尤其可贵的是,她能够根据实际情况适当调整个别子目标。例如,她在高一上学期"学业抱负"一栏中写道:"数学是自己的弱项,一定要努力学好;其他学科也要争取更大的进步。"到了高一下学期,她发现自己的物理成绩不太理想,于是便有了新的调整:"一个学期下来,发现物理最难,我要努力学好它。"通过两年的刻苦学习,她进步很快,到了高三上学期,她在"力争每门功课优良"后面补写了更为具体的目标——"期末争取进入班级前 6 名、年级前 40 名"。

在余芳同学的"愿景树"下面,还有一段学生处写的"档案说明":余芳,先后就读于高一(1)班、高二(1)班和高三(4)班。高一入学成绩为建德市第 986 名,高考成绩跃升至建德市文科第 3 名……高三时被评为浙江省三好学生。

"'愿景树'就是一张个人的'自我发展路径图',有了这张图,一个人的人生走向就会变得越来越清晰。"正如学校教科室老师李进强所说,正是有了这棵"愿景树",余芳同学和众多学子才有了更加明晰的人生坐标和方向,才有了不断进步、蓬勃成长的动力。

在新安江中学,每年 9 月,凡是新组建班级的同学都会经历一次甜蜜的煎熬:为自己的班级拟定一个班名,拟写一则班训。在学生处刘晓军老师看来,对新班级的师生来说,这项活动不仅是一次智慧的挑战,更是一个心灵融入的过程。因为,"一个响亮的班名、一句富有警策性的班训,不仅需要创意,需要个性,还需要协商,需要包容,只有经历了充分的酝酿与融合,才能最终把个体的期盼变成共同的愿景"。于是,在一番番冥思苦想之后,在一场场唇枪舌剑之后,在一回回对话兼容之后,新竹、致远、琴剑、兄弟连……一个个创意十足、独具个性的班名诞生了。

为了凝聚人心、营造积极向上的班级文化,新安江中学在每一届高一中开展创意班歌活动。

鉴于创作歌曲的要求较高、难度较大,许多班级往往会从广为传唱的经典歌曲中遴选,选择《相信未来》《真心英雄》《阳光总在风雨后》这样节奏明快、感染力强的歌曲作为班歌。但也有一些班级勇于挑战自我,尝试自主创作班歌。据不完全统计,近三年来,各班自主创作的班歌多达31首,其中《我们》等曲目还在"杭州市中学生原创歌曲大赛"中获得了大奖。

除了起班名、拟班训、唱班歌,新安江中学的"弘毅主题班会"也开展得很有特色。学校以班会评比的形式在部分班级进行初步尝试,然后逐步推开。这项活动开展以来,全校每个班级都有了独具特色的系列"弘毅主题班会"。

在特色活动课程中淬炼

为促进学生的精神成长,学校精心设计了一系列特色活动,让学生在体验中开阔眼界、磨砺意志、学会担当。

每年3月,新安江中学都会邀请各类成功人士来校,举办励志报告会。

新安江中学2007届毕业生、"弘毅校友"朱燕娟也是受邀来校的主讲人,为学弟学妹们做了一场别开生面的励志报告。

朱燕娟家境贫寒,连读大学的学费和生活费都无力承担。但是,她不等不靠,凭着坚毅的性格开始了长达四年的勤工俭学。在兼职打工的日子里,她既不怕吃苦,又善于开动脑筋,四年间,她创造过单月收入1.7万元的奇迹,累计收入高达20万元。这不但很好地解决了自己的学费、生活费之忧,还帮助父母撑起了整个家庭。传奇的经历使她成为当之无愧的"兼职达人""打工明星""校园打工王",她自立自强的事迹更是受到了省内外众多媒体的广泛关注,中央电视台《看见》栏目以《"发条女孩"朱燕娟》为题做过专题报道。

"我老爸身体不怎么好,还有弟弟妹妹要读书,需要好多钱。再苦再累我也要做下去,我要勇敢快乐,因为我想读书,想让一家人过上好日子!……我们大家都要承担起属于我们这一代人的责任!"在报告中,朱燕娟讲述了自己在大学期间打工赚钱的故事,以及用实际行动改变自己乃至改变家庭命运的奋斗历程。朱燕娟的顽强与坚持、勇敢与自信、真诚与激情,以及她规划未来时透出的睿智,给在场所有的聆听者带来了巨大的心灵震撼。

5月草长莺飞,春光明媚,正是让学生走出校园,奔向自然、陶冶情操、强健体魄、磨砺意志的最好时节。每年的这个时候,学校都会以班级为单位,开展野外拓展(越野拉练)活动。每次活动,学生穿行于丘陵之中,跋涉在山腰之间,与青山绿水亲近,和草木花鸟对话……在享受自然的同时,又挑战自我,训练耐力,磨炼毅力。

每年10月,学校都会开展一次"走进田间"的学农活动,让学生亲近土地,体会农业劳动的艰辛,学习农业劳动的技能。

此外,为了培养学生的担当意识,学校还组织各类公益活动和社区服务,让学生广泛而深入地参与护花植树、卫生保洁、敬老爱幼、募捐义卖、结对帮扶等活动,以培养学生主动积极、吃苦耐劳、坚毅耐挫等优良品质，形成勇于担当的责任感和使命感。

作为一项"精神引领工程"，每学年末，新安江中学都要举行年度"弘毅学子"评选活动。"弘毅学子"评选的核心标准是：对己有理想，对人有胸襟，做事有毅力，学业有进步，有感人事迹或对班集体建设有显著贡献。评选由学生会组织，先由学生自主报名或班级推荐，然后分年级海选，每个年级选出10名学生进行为期一周的事迹公示。最后，全校召开"弘毅学子"表彰、报告会，为年度"弘毅学子"颁发"弘毅奖学金"和证书，选派年度"弘毅学子"中的杰出代表进行现场演讲与互动。

最好的榜样莫过于身边的同学。争当"弘毅学子"成了新安江中学的一种风尚。

在隐性课程中浸润

新安江中学的校园里，一石一墙、一景一物都融入了"弘毅"元素：行政楼前，书有"弘大刚毅，胜重远到"8个正楷大字；科技楼的横梁上，高悬着"高远、豁达、坚韧"的大匾；楼群间的电子显示屏上，滚动着《论语》《孟子》章句；教学楼下的橱窗里，定期展出"弘毅学子"的照片、文章、事迹以及"弘毅小故事"……

行走在校园中，在花树掩映间，不时可以看到一些形态各异的校园石刻：教学楼边的"含英咀华""春诵夏弦"，办公楼前的"敬业乐群"，男生公寓旁的"宁静致远"，女生公寓前的"蕙质兰心"……近年来，学校先后设计了18尊石刻，并邀请不同风格的地方知名书画家进行书写。石刻文字为绿色，与周围的花树盆景相得益彰。同时发动全校师生共同创意，制作了48块警策语牌，张挂于醒目之处，令人驻足沉思。

学校还充分利用校园橱窗、教室板报、局域网、电子屏、校刊等阵地，立体化地宣扬"弘毅文化"的内涵，让师生受到春风化雨般的润泽。

值得一提的是，学校在营造寝室文化上别具一格。走进每一间寝室，不仅窗明几净，而且清新雅致，体现着学生们的创意和品位。为了让学生诗意地栖居，学校每学期初都要举办"寝室文化创意大赛"，引导学生积极营造整洁、舒适、高雅、人文的寝室环境，并有相应的鼓励保持的制度。

让学生在充满精神养料的氛围中得到濡染和熏陶，是赖忠林给校园文化的定位。

让课程服务生命

从人性和文化的角度切入,使课程真正回归生活,满足学生的发展需求。基于此,山东省青岛市格兰德学校一路探索,开发实施了通慧教育校本课程。

作为山东省青岛市格兰德教育集团董事长、格兰德学校校长,倪贯翔给人留下的第一印象——文质彬彬,聊起天时,就像一位哲学家。倪贯翔谈起教育话题时,总喜欢从人性、文化的角度切入。经商的人生经历,让他在看待教育时总有独特的视角。

"教育就是进行世界观、人生观、价值观的正确引领和实践,使人具备终生自我完善的心智和自我建构的实践能力,最终实现生命成就的社会活动。"倪贯翔说,"让课程服务生命,让课程回归生活,让学校教育满足学生生命成长和生存发展需求,是格兰德学校课程改革的指导思想。"

向内巩固传统文化根基,向外学习西方全脑科学。2012年,格兰德学校建构出"通慧教育体系":由通慧教育理念、通慧教育校体、通慧教育课程、通慧教育课堂、通慧教育家校等5部分组成,其目标定位为"培养以中华文化为根基、能够融合多元文化,并具有国际情怀和世界眼光的'中国根世界人'"。

国家课程如何校本化

在格兰德学校,时政课、家政课都是语文课的一部分,但两者各有侧重的实践目标,家政更加关注生活。

时政课每月一次,但是搜集新闻、读新闻却是每一天的必需学习内容。搜集、点评新闻等一系列活动,让学生开阔视野、增长见识;对新闻的分析整理,让学生学会辨别是非善恶。

家政课的流程是:确定活动内容(比如选菜肴或是做家务)——寻求活动方法——观察、记录——动手操作——写下真实感受——课堂展示——进一步完善感悟。

动手操作不仅让学生掌握了基本技能,更重要的是给学生提供一个实践基础,让他们在这个基础上找到自己的写作素材,表达最真挚的感受……随后的上台展示又锻炼了学生的口语表达能力。虽然一个月只有一节家政课,但从请教方法到准备素材再到操作,这一系列的过程足以锻炼学生听说读写各方面的能力。比起教师单纯强调书本知识,这种能力培养方式散发着更大的魅力。

在格兰德,通过对国家课程、地方课程的细化、软化和活化,仅仅围绕语文学科,学校就设立了阅读、汉字、国学、朗读等多门配套课程。

阅读课上,变教教材为用教材,通过阅读感悟性的内容,让学生获得文学素养、文化素养以及处理实际问题能力的提升。国学课以《大学》《中庸》《论语》等传统经典为主要学习内容,通过诵读、解读、吟诵等多种方式,为孩子们种下一颗传统文化的种子。汉字课上,教师引导学生从甲骨文、金文、小篆的演变过程上发挥想象,去猜测汉字的意义,触摸汉字演变反映出的历史变迁。

与语文课相似,数学、英语等课程改革也遵循了"国家课程校本化、学科教学综合化"的原则。数学课分为"数与代数"和实践课两部分。"数与代数"主要是通过对整个数学体系的构建,将具象的数学现象抽象成数学模型,再运用到日常生活中;实践课主要是让学生运用已有的生活经验,通过分类比较,完成数学知识的学习与思维的构建。英语课程同样分为阅读课与实践课。阅读课以阅读文本内容为主,提高学生的语感和听说读写能力;实践课则包括了英语情景剧、歌唱比赛、双语故事竞赛等活动,为学生提供展示和应用的平台。

在格兰德学校的小学学段,通慧教育课程囊括了古琴、围棋、象棋、书法、国画、太极、武术等多项传统文化活动,还开设了纸艺坊、葫芦丝、手语等丰富的特色课程。中学学段则更加重视国际文化的交融,在确立中英文联合授课程的基础上,将托福、雅思、SAT等应试内容融入课程体系,还辅以模联社、模经社、TC社、舞蹈社、播音社等社团实践课程。

"修学炼悟化"怎样落实

"心性是修出来的,心性决定高度;知识是学出来的,知识决定宽度;能力是炼出来的,能力决定强度;智慧是悟出来的,智慧决定深度;德能是化出来的,德能决定气度。"这是格兰德学校每一个师生都耳熟能详的,被誉为通慧教育真言。

倪贯翔认为,万事万物都是"修学炼悟化"的有机组合,课程、课堂改革也要以之为标准落实,让学生在"修"中进行人生观建构,提升心性;在"学"中完成知识体系建构,形成终身自主学习的能力;在"炼"中达成综合能力,实现自主驾驭人生;在"悟"中进行世界观建构,以增长智慧;最终,在"化"中形成自我完善的综合德能。

学校的各项活动都力求以"修学炼悟化"为目标设计。例如,学校的春游活动要开始了。春游之前,1—6年级的每个学生都会收到一张表格,上面列了3个春游方案,每个人都要选出自己喜欢的方案并说明理由;每个小组统计出本组的选择结果,并绘图呈现;每个班级统计结果,并做出本班的春游方案,派一名代表在全校展示班级方案,最终由全校投票决定;春游结束后,每个班级、小组都要反思自己春游方案的优缺点,为下次外出做准备。这就是学生合作讨论——自主设计、制作——发表观点——说明原因——做出选择——生成反思的过程,也是"修学炼悟化"达成学生能力提升和生命成长的过程。

中学的各种活动同样遵循"修学炼悟化"。从提出方案到分工准备、发动宣传,再到组织活动,几乎全由学生们一手操办。

围绕"育人",格兰德学校的课程没有主副科之分。"只要满足育人目的和学生需求的课程,都是重要的课程。"也正是基于此,学校的课程设置异常丰富。比如体育课划分为体育技巧、武术、太极、围棋、国际象棋等5种课型;美术课则包含了书法、国画、手工等内容。此外,学校还开设了名曲名画课,要求学生熟悉一定量的中外名曲、名画,并将名曲、名画与语文有机整合,提高学生各方面的能力。以名曲学习为例,不仅要求学生熟悉曲子旋律、作者,更重要的是体会曲子的意境,想象曲子所描绘的景象,把自己听到的、想到的用文字表达出来。

在倪贯翔看来,通慧教育课程的设置,正是通过"修学炼悟化"这个不断循环往复、螺旋上升的过程,来回归师生的人性需求,达成育人的目标。根据学科内容的特点,学校将课程进行划分。其中,"修"的课程侧重于心性培养和人生观建构;"学"的课程侧重于知识体系的构建和学习能力的培养;"炼"的课程侧重于综合能力的运用;"悟"的课程侧重于对规律的体悟和世界观的建构;"化"的课程侧重于自我启发和完善。

课程资源如何整合

"父母呼,应勿缓,出必告,返必面","衣贵洁,不贵华,对饮食,勿拣择","凡出言,信为先"……1-3年级的《力行册》上共有孝亲、尊师、友爱、诚信、节俭、自省、交往、交谈、行走、学文、读书、卫生、内务等13个方面的内容,每一条都由"弟子规"中相应的一句进行阐释。《力行册》还配有操行对照表,学生要在当天做到的项目上打钩,并且在每周总结时填上自我评价和家长评价。

"吃饭时,我说,妈妈,你吃这块好的吧!"在五年级(1)班王雨琦的《力行册》上,孝言一栏工工整整地写着这样一句话,而雨琦妈妈也在家长评价里写道:"平时就很知道疼爸妈,学了《弟子规》之后,做得更好了。"鼓励和欣慰溢于言表。尽管每个孩子的自我评价都非常简单稚嫩,但从中能看出他们对自己学习生活的用心回顾。

此外,学校还阐发了"十五德"价值尺度。在日常学习生活中,每个班级的名称、每个小组的组名都源自"十五德",如:正德班、齐德班、齐德组、礼德组等。其中蕴含的格物致知、兰心修德、自强不息、厚德载物等内涵,引领师生去体悟人与自己、人与家庭、人与社会、人与自然、人与生命本体的关系。

不仅如此,"十五德"理念还延伸到了格兰德学校的校园文化活动中。学校结合节日,给12个月分别设立主题:一月校友月、二月孝亲月、三月爱心月、四月和平月、五月国学月、六月科技月、七月爱党月、八月游学月、九月尊师月、十月爱国月、十一月外语月、十二月文化月。围绕当月的主题,各个学段、班级都会开展不同的实践活动。例如,孝亲月,开展孝亲故事大赛、孝亲作文大赛、十佳孝星评选等;国学月,开展国学吟诵大赛、《论语》诵读大赛、"腹有诗书气自华"风采展等;

和平月,走进茶园,参观茶文化博物馆,了解中国茶文化……一系列的丰富活动让学生在收获节日快乐的同时,也收获了文化的浸润……

"格兰德学校的课程改革还在不断地丰富、发展,并将继续幸福和完善每一个学生、教师和家长。"倪贯翔如是说。

追寻个性化的课程建设

这是一所拥有 100 多门选修课的小学,这是一所视教师为第一产品的小学,这是一所呈现出家校共育新秩序的小学,这是一所真正属于儿童的小学。

这就是浙江省杭州绿城育华小学。近年来,育华小学以建设"优质化、科研化、国际化、特色化、现代型"的"四化一型"学校为目标,从课堂走向课程,从教学走向教育,从追随走向领创。

学校的第一产品

学校的第一产品是教师,这是育华小学提出的一个教育新命题。让教师"个人才华得以施展,生活条件得到改善,获得全方位的成长";坚持为教师做力所能及的事,持续为教师创造良好的工作和生活环境,让员工更有尊严、更幸福地工作和生活,这是育华小学进行教师职业和生活规划的核心目标。

育华小学视教师为学校第一产品的理念,来源于学校创办者——杭州绿城房地产公司董事长宋卫平。宋卫平说:"绿城做教育是为了回馈社会,而非盈利。绿城要办一所不同于一般公办学校的、与国际接轨的、有独特生命力的、更多关注人的发展的学校,真正让学校成为师生共同成长的幸福家园。"

2003年,育华小学现任校长冯晨还是杭州一所公办学校的名师。来绿城应聘时,宋卫平的这番话深深感动了冯晨,让她决定离开熟悉的公办学校,把自己交给绿城。

来到育华小学后,冯晨决心打造一支过硬的团队。

为了将"教师是学校第一产品"的理念落到实处,育华小学在2007年就成立了教师培训中心,专门负责全校教师的职业规划、培训设计。

人人都是受训者,人人都参与培训,这是育华小学教师培训的核心特征。在育华小学,一年一度的校级名师和骨干教师评选活动,能持续将近半年,考评内容包括笔试、课堂展示、说课、经验报告等。大量的课堂展示、说课、报告等活动对未参评教师而言是一次教学比赛培训。而为了在各项评比中取得好成绩,参评教师又在团队磨课和专家指导过程中完成了自我培训,因此他也是一名受训者。

不仅如此,育华小学每一次研修活动都集合了"展示"和"分享"两项功能,使得参与其中的每一位教师在培训同伴的同时接受自我培训。这种独特的团队合作研修方式让教师快速进入了专业发展轨道。

除了扎实有效的校本研修活动,育华小学还有相应的培训制度和培训经费。育华小学的教师只要能安排好教学任务,可以申请参加任何校外培训。比如,为提高音乐、美术教师的审美素养,学校专门为两个教研组办了杭州艺术演出年票,这让同行羡慕不已。让教师倍感幸福的还有学校推出的教师"外出轮训制度"和"自主培训金制"。学校通过"自主申报——需求理由陈述——伙伴推荐"的方式,为每位不同层次的学科教师按需提供外出轮训的机会。"自主培训金制"是学校借鉴消费积分的办法,其规定教师自主参加不同层次的培训可获得相应的自主培训金,积累到一定程度就可"兑换"成相应奖金并纳入期末考核,以此来鼓励有内需、有潜力的教师率先成长。

在促进教师专业成长的同时，育华小学提出了以"幸福工程"建设促进教师内涵发展，开创幸福教师团队的师资队伍建设的新思路。"你健康我买单，你成长我买单"，育华小学用积分奖励的形式鼓励教师通过活动锻炼身体，通过阅读丰厚底蕴。学校先后成立了瑜伽、登山、太极、书法、读书等10个教师民间社团，让教师拥有健康的身体、丰盈的心灵。

随着办学规模的扩大，育华小学下移管理重心，推行"四长"（年级组长、教研组长、备课组长、寝室单元楼楼长）管理，向中层和"四长"放权，让中层管理者在释放能量和激情的过程中实现生命成长。目前学校"四长"队伍有管理者35人，中层、校级管理者15人，二者占全体教职工总数的近1/3。年轻、富有朝气的管理团队为学校的发展带来极大空间。

探索课程改革的终极使命

育华小学除普通教室外还有30多间专用教室，有水墨画教室、陶艺教室、书法教室、版画教室、合唱厅、舞蹈房……除了图书馆、恒温游泳池、标准天文台，学校还有融展示、交流、教学为一体的科学馆和儿童美术馆。

如果说硬件只是为高品质教育提供了可能的话，那么软件则让高品质教育成为现实。

一次全校公开教学时，一个学生发言："要是我们能想上什么课就上什么课，该多好啊！"孩子在课堂上的一句普通发言很容易被人忽略，然而，冯晨却记在了心里，并带领教师团队开始对孩子喜欢的课程进行调查与探索。

以生为本，就是要以学生发展需要为本。育华小学目前开设的跆拳道、芭蕾舞、国际象棋、非洲鼓等课程就是学生提出需求后开设的。

非洲鼓课程的发起人是一个名叫汤怿哲的学生。事情起源于 3 年前，当时杭州炎黄打击乐团邀请汤怿哲和妈妈参加联欢活动。联欢会上，互不相识的一群人在非洲裔教师的带动与鼓声的"诱惑"下，围成一圈，边鼓边舞，压力和烦恼随着跳跃与律动烟消云散，一向腼腆的他也精神抖擞、神采飞扬……于是，他就想，要是能上这样的课多好。后来，育华小学又增设了一门新的校本课程——非洲鼓。

谈及此事，汤怿哲的妈妈眼泛泪花、激动不已："没想到学校真的能考虑一位普通家长、一位普通学生的心声！真的没想到！"

"个性化是育华课程建设的终极使命。"在冯晨看来，学生个体有差异，学校就应根据差异做出相应的教育响应：关注学生个体差异，重视个别发展，优化个性品质。

陶艺教室、书法教室里，不同年级的学生在一起上课；讲台上的教师却不是学校的老师……这在育华小学是司空见惯的现象。因为这是"才艺天地"课时间。在这段时间里，学生完全根据自己的喜好，像超市购物一样选课学习，所以又称才艺课程超市。为满足选课需求，学校除开设书法、国画、篮球、足球、钢琴、陶艺、天文等传统意义上的课程外，还开设了吟诵、国际象棋、网球、跆拳道、芭蕾舞、现代舞、非洲鼓、轮滑、马术等课程，总共 100 多门。

为了开好这些课程，学校外聘专任教师 30 多人，涉及马术、葫芦丝、非洲鼓、国际象棋等多门课程：马术课邀请的是伯骏马会的专业教练，非洲鼓的老师来自杭州炎黄打击乐团，国际象棋教练来自杭州棋院，舞蹈老师来自浙江电视台春天艺术团，合唱指导来自杭州爱乐天使合唱团……

育华小学的课程建设以"为每一位孩子提供适合的教育"的办学愿景为指导，立足"仁爱、求真、自信、开放"的学生发展目标，把"人道情怀""科学精神""强健体魄""艺术修养""国际视野"5大素养的培育作为课程的核心目标。国家课程、选修课程、活动课程的设计均指向这5大素养。

创建家校共育新秩序

前不久,在学校会议室里,"寝室爸爸""寝室妈妈"们围坐一起畅谈儿童寄宿生活,共议"生活教育促进儿童健康成长"这一主题。

设立寝室爸爸、寝室妈妈,是育华小学家校共育的一个创举。2012年6月,学校聘请了23位学生家长做寝室爸爸、寝室妈妈,请他们走进学生的寄宿生活,参与日常的生活教育。如此,孩子们得到了更多的关爱和生活指导,寝室爸爸送来德育故事,与孩子们谈梦想、解烦恼;寝室妈妈带来安全知识、健康知识,帮助孩子们美化寝室;每逢节日,寝室爸爸、妈妈作为大家庭中一位不可缺少的成员,和孩子们一起联欢、庆祝……

在育华小学,寝室爸爸、寝室妈妈仅仅是家长委员会工作的一角。育华小学的家委会办公室就设在校长办公室。目前,学校已形成校级、班级家委会二级管理网络,共有校级家委会成员22名,直接参与校级管理;100%的班级成立了班级家委会,班级家委会直接参与班级管理。通过家委会参与管理,以点带面,把全校家长都组织起来,形成一个教育整体。

为保障家委会功能的充分发挥,学校制定了明确的家委会章程。学校家委会选举推荐产生家委会主任1名,组长3名,并对各自职能进行了细化分工,从学校的教育教学、生活、后勤等方面参与管理。

体育节、外语节是育华小学的重要节日,也是师生们热切期盼的校园活动。每年体育节、外语节,学校都会在全校家长中招募义工为校园活动服务，每次都能得到家长们的积极响应。于是，活动期间，身着裁判服或佩戴裁判标志的家长们成了校园里一道靓丽的风景线。他们一丝不苟地履行裁判的职责，他们热情响亮地为孩子们呐喊，在孩子们遇到困难时他们又耐心地为其答疑……

家委会不仅组织、引导家长参与学校活动，还鼓励家长为孩子上校本课，教学内容涵盖营养保健、运动游戏、交通安全、自然百科、礼仪形象等。每一学年，全校都有40余位家长为孩子们上课，平均每周都有一至两节。

"孩子的童年时期，是很多方面的敏感期，一定要抓住敏感期的特点对其进行开发和教育。让孩子多去接触自然，多去观察身边的事物，不要以成人的眼光来判断和约束，以此阻碍孩子的探索和发现……"不久前，国家级心理咨询师尹琪为育华小学一到三年级的家长做报告，这是育华小学"爸爸妈妈成长学校"的课程内容。

为了进一步促进家校合作，更好地为孩子的健康成长服务，学校把开展家长教育培训的基地——家长学校——正式命名为"爸爸妈妈成长学校"。学校对全体家长进行问卷调查，向家长们征集育子困惑。在此基础上，育华小学列出了爸爸妈妈成长学校的课程菜单：家长该为幼小衔接做哪些准备、如何有效开展亲子阅读、如何引导孩子与同伴交流、如何培养孩子良好的情商……

为激发家长参与热情，爸爸妈妈成长学校实行学分制管理，做到有章可依、有章可循。例如，学校每学年为各年级家长开设必修的爸爸妈妈成长学校讲座，其中一年级每年3次，其他年级每年2次，家长参与一次得3学分；学校或年级结合实际情况，举办的选修讲座，家长参与一次得3学分；以上讲座，如是父母亲以外的其他亲属代替参加，学分减半。家长在爸爸妈妈成长学校主题讲座中，担任主讲，每次得3学分；在《家校育华》投稿1篇，获得1学分，被录用1篇，获得2学分。学校或班级开展活动时,家长主动报名担任义工,每参加1次得1学分,1学年最高以2学分计;在班级为学生开设家长课堂,每开一节课得1学分,1学年最高以2学分计。

"我们的经验表明,家校共育有利于促进学生的发展,有利于教育资源的充分利用,有利于密切亲子关系,有利于家校双方教育水平的提高。"冯晨说。

创新小学教育

从小学一年级到五年级，一个班的师生、家长共写博文 4 万多篇；200 多篇学生作品在报刊公开发表；很多学生都出版了自己的创作成果；四五年级甚至有一批学生开始创作中长篇小说；校长经常带领全体教师听学生做报告……

这样的教育传奇属于河南省濮阳市油田第一小学。这样的教育传奇是如何创造的？其背后有着怎样的教育真情与智慧？

创新语文教学，让众多孩子成为自由作家

4 年多的时间里，全班师生、家长共写博文 4 万多篇；全班有 55 人（或其所在家庭）获得河南省"阅读天使""书香家庭"荣誉称号；全班每个学生都将自己的文章汇编成书；学生綦妙儿出版《开心一年级》《滴水集》《数学王国历险记》《恐龙世界历险记》等 4 本书；学生李博研公开发表文章 30 多篇，其中《小记者走天下——我的美国之旅》在国家级期刊上连载……

这是油田一小教师赵瑛和她的 78 名学生创造的成绩。不仅如此，在没有预先告知的情况下，赵瑛从全国各地的高考作文中选了新课标Ⅰ卷、新课标Ⅱ卷、广西卷、辽宁卷、天津卷 5 个作文题，让学生任选一题，

自由命题、自由写作。结果，五年级孩子写的高考作文大都文辞斐然，相当一部分作品立意不俗。

在油田一小，赵瑛的班级并非一枝独秀，与其不相上下的还有不少。油田一小的学生为什么能写出这样的作品？其整体语文素养为何如此高？这背后的秘密其实只有一个关键词——"五段三线生活化作文"。

长期以来，语文教学受人诟病，"少慢差费"现象一直难以有效解决。究竟如何才能大面积地有效提升学生的语文素养，这是时代对语文教学的责问。

面对时代责问，油田一小校长马新功带领教师团队，用"五段三线生活化作文"轻松破解了这一行业性难题。

据教师张淑荣介绍，"五段"指小学一至五年级整体设计，各个年级分别有自己的实验目标、训练内容、指导方法，年级间循序渐进，梯级发展。"三线"是指课堂教学线、课外阅读线、社会生活线。在实验过程中，5个年级均从这三个方面入手，全方位展开作文训练。课堂教学是写作的引领，课外阅读是写作的基础，社会生活是写作的源泉。三条线并不是孤立存在的，而是互为补充、互为依托、互相交织的整体训练体系。"生活化"强调学生的作文离不开生活，生活是习作不竭的源泉。小学生作文是为了反映真实的生活，而不是为了作文而作文。

教师阮君是"五段三线生活化作文实验研究"课题组成员，负责低年级段语文教学。她说："按照课题组的规划，我们在课堂上严把字、词、句教学关，规范学生语言，培养说话能力，要求学生能用完整的语句回答教师提出的问题，不说半句话。在识字教学中，本着字不离词、词不离句的原则进行说话训练，利用一切机会，让学生练习说话。"

在油田一小，教师通过班级共读、亲子共读、自由阅读等方式，引领学生进行了大量阅读。

陈睿曈11岁就创作了中篇小说《冰之翼》，被誉为"小作家"。她的妈妈赵军对学校和班主任侯长缨感激不已。赵军把女儿成功的原因归结为大量阅读和坚持写博客。"侯老师通过多种方式鼓励孩子多阅读。在这样的环境里,我的孩子进行了大量的阅读,她早已不满足于儿童读物……至于四大名著,一年级时看的是连环画,四年级时看的是儿童读本,五年级时已经把原著全部看完了。她还喜欢看二月河的历史小说,大量阅读,让她写的作文又快又好。"

谈起创作的感受,陈睿瞳异常平静:"当时我写《冰之翼》,顺手得出奇,不需要思考,手上的笔就'哗哗'地写个不停。写完后拿给妈妈看,她非常惊讶,觉得我怎么能写出这么唯美的文章呢?"

"五年级开学的第一天,也会随着日落,渐渐沉入时光之海,但新学期的希望和决心,却仿若朝阳。"陈睿瞳诗意的表达风格耐人寻味。她把自己这种风格归功于晨诵课程:"晨诵课程,我们坚持了5年。二年级生日诗诵读,三年级外国优秀童诗诵读,四年级和五年级古诗文诵读。诗浸润着我的生活,不知不觉中,我的作文中就多了一份诗的优美,拥有了让人回味悠长的力量。"

在油田一小,赵瑛是用博客成就学生的典型代表。她不仅自己开通教育博客,还引领班上78个孩子及其家长都建立了博客。她的学生李博研,上四年级时就拥有了自己的第一本"书"——《梦想起飞三年级》。该书分为课堂练笔、生活点滴、书海拾贝、父母天地4部分,收录了他3年来的102篇博文。"当我接到这本属于自己的书时,简直不敢相信,我也可以成为小作家了!看着那精美的封面,看着那一篇篇真实的记录,我爱不释手……那一刻,我的心为之感动。虽然没有书号,没有标价,但它却实实在在地成为我成长路上最重要的里程碑。"李博研说。

"作文因生活而精彩,生命因作文而绽放",是油田一小追求的一种境界和状态。

考察完油田一小后,河南省教科所研究员徐万山从4方面解读了

"五段三线生活化作文"的价值：一是对小学阶段作文教学进行了整体设计，让作文教学形成了完整的训练体系，避免交叉、跳跃的作文训练，使小学作文变得有章可循。二是课堂、课外、生活三条线拓宽了学生的视野。在语文课堂上既学知识，又进行大量课堂练笔，促进技能转化。大量的课外阅读既开阔学生的视野，又为练笔积淀丰富的语言素材。社会生活激活了学生的语言和思维。三是生活化作文点燃了学生的写作热情，激发了学生、家长的主动性、创造性，实现了教学相长。四是生活化作文为学生的自主发展开辟了新的途径。从生动的课堂，到丰富的阅读再到精彩纷呈的社会活动，都是对学生自主能力的培养和训练。

创新课程，让师生做自己生命的主人

油田一小的课改从一开始，关注的就不仅仅是课堂，而是整个课程。

"学习者在学校帮助支持下，获得知识方法、优化思维、发展技能、转化态度、形成审美观和价值观的所有正式和非正式的教育内容和过程，都是课程。"马新功高度认同这一观点，在他看来，"课程就是道，就是被人用脚走出来的道路。"基于这样的理念，油田一小的教师们进行了大量原创性的课程探索。

春分时节，全班同学在花盆里种下一粒粒种子，就像播下了一个个希望。孩子用心地照顾着小种子，浇水、施肥、捉虫，还给它讲故事、说悄悄话、记苗苗日记，给苗苗制作身份证……其间，孩子们亲身体验着期待、希望、惊喜、伤心等感受，一篇篇动人的写绘作业也自然地从笔尖流淌出来……这是教师李霞开发的"种子·生命"课程。与之相似，油田一小的教师团队还开发出了晨诵课程、生活课程、经济课程、毕业课程等。

在课程开发过程中，"有哈利·波特的想象、哈贝马斯的理性、哈根达斯的奢华（气质上的高贵）"，被誉为"三哈老师"的侯长缨，最具榜样价值。

在侯长缨看来，儿童在成长的每一个阶段，都有最适合他本阶段阅读的童书。教师、学生、家长共读这些精心挑选的书籍，就拥有了共同的精神密码。在侯长缨班上，读书课，从孩子一入学就进入了他们的生活，伴随着孩子的发展，贯穿孩子整个小学的生命历程，促进孩子生命的成长。

侯长缨的学生杨尚可在《我的阅读之路》一文中，从学生的视角，对这一课程进行了描述。

一年级时，主要是侯老师在学校给我们讲绘本故事，那一个个有趣的故事常常让我们听得入迷。二年级下学期，侯老师发给我们人手一本《笨狼的故事》。这本书一寸厚，密密麻麻全是字。天哪！我们哪儿读过这么厚的书啊！

为了让我们把整本书读完，侯老师就让我们自己分成小组，每个小组排练《笨狼的故事》中的一章，元旦表演。于是，我们兴奋地在课余时间排练：分角色、背台词、学表演……不知不觉地读完了第一本厚厚的书。

三年级的时候，侯老师又给大家发了一本共读的书《一百条裙子》。她先让我们读完，然后每天通过短信问一个问题，让我们用日记的方式解答，并说说自己的感受。大家对照书中的人物，对号入座、分析讨论，硬是把薄薄的书读出了厚厚的内容。

四年级了，侯老师已经将诱惑我们读书的招数用得炉火纯青。她发给我们每人一本《青鸟》，让我们读完。此后，她不仅每个星期上一次《青鸟》阅读课，而且还号召有兴趣的家长来学校和孩子们共读。《青鸟》读完了，侯老师又马不停蹄地发了《人鸦》……

就在这样不间断的共读中，侯长缨用经典童书唤醒了一个又一个沉睡中的文学生命。

"5年来，我们一路挥洒汗水，一路欢歌笑语……你们是上帝送给我的一份最珍贵的礼物，我将永远存放在心间……今天，每个人手里拿着的是独属于你自己的生命奖状，71个人就有71个不同的奖项。我始终相信，每一个生命都是一个奇迹，总有那么一天，每个生命都会独一无二地在天地间绽放！"在毕业典礼上，全班每个学生都收到了侯长缨送的一个用相框装起来的承诺书。全班当众集体承诺："无论我将来身在何处，从事什么工作，遇到怎样的环境，我都要朝向卓越，努力成为美好事物的中心。"

学生李廷龙日记中这样描述毕业典礼："当主持人兴奋地说'侯老师有神秘的礼物送给我们'时，我内心充满了好奇，我的眼睛一下子湿润了……'李廷龙'，当听到我的名字时，伴随着侯老师哽咽的声音，我的眼泪哗地一下子涌了出来……"

这样的毕业课程必将成为学生人生的一个里程碑。

童话剧《人鸦》是侯长缨课程开发的经典之作。

"你不需要，事实上也不可能教一粒橡子成长为橡树，但是只要给橡子一个机会，其内在的潜能就会得到发展。同样，只要给予人类个体机会，他往往能使他特殊的人类潜能得到发挥。"侯长缨对美国心理学家卡伦·霍妮的一段话深为认同。她说："我们班开发童话剧课程，就是要给孩子成长提供资源和机会。"

《人鸦》童话剧，从剧本编写到道具制作，从演员安排到服装设计，从舞蹈编排到主持人竞选，从教室布置到邀请函设计……所有的工作都由学生负责。在整整一个学期的时间里，71个孩子挑战了同龄人难以做到的一件又一件事情。

李卓恒是全班第一个竞选上的演员,是剧中的主角,台词最多,他却很少忘词。他工作最忙,因为常常要在双休日、课间组织大家排练。干这么多事,他的学习成绩却依然名列前茅。他在日记中这样写道:"你用什么样的态度对待生命,生命就会呈现出什么样的光彩。生活中总会遇到各种各样的困难。勇敢面对、克服困难,就会实现人生的价值。"

对于这场声势浩大的童话剧,一开始谁也没想到最后能有如此完美的演出。童话剧成功演出过后,李卓恒又在日记中写下了自己的课程体验:"我们童话剧的成功,是因当场发挥得好而成功的吗?不!成功在我们平时的努力!我们在平时的排练中克服了一个个困难,因而取得了成功。这不就是在证实剧本中'顺着嘴巴的方向向前飞'这句话吗?往常我只是说这句话,而现在,我已经用行动诠释了这句话的真正含义!"

和李卓恒一样,许许多多的学生因为这部童话剧,有了不同程度的成长。"谁改变了自己,谁就改变了世界!"通过穿越童话剧,孩子们用自己一个学期的努力唤醒了这句话。

童话剧像一场地震,震醒了很多沉睡中的孩子。在接下来的那个寒假里,郭子誉写出了1万多字的小说《数学之门》,还把8幕《人鸦》童话剧改编成4幕;陈睿瞳写出了1万多字的校园小说《明天,你好》;徐尚志写出了近1万字的校园小说"淘气包系列";边兆祺写出了近万字的科幻小说《火星历险记》……

童话剧课程把诗歌、故事、表演、音乐、绘画、舞蹈等综合在了一起,是一门综合性很强的课程。排演童话剧,让全班汇聚在伟大事物周围,成为一个整体;也让孩子们明白,每个角色都是重要的,只有通过合作才能创造奇迹。在侯长缨看来,"童话剧课程是一种刻写,一种在孩子们的生命里程碑上的深度刻写。在课程中,孩子们用自己的经历唤醒了一个个词语,让这些词语活在自己的生命里、行动中。勇气、智慧、爱心、协作……这些词语就在童话剧课程中,在孩子们的身上萌芽开花。"

创新家校秩序，让学校教育社会化

"一个称职的妈妈（爸爸）胜过一打特级教师。""我们要让广大学生家长努力成为教育给力的助手、亲密的帮手，而不要让他们成为我们的对手，更不要使他们成为学校发展的杀手。"这是马新功经常挂在嘴边的话。在他看来，中国基础教育的最短板是家庭教育，没有家庭教育的整体成功，就没有学校教育的整体成功。

为携手家长开展亲子共读和共同写博客活动，把书香校园、书香班级延伸到家庭，油田一小不仅制定了书香家庭评选标准，而且在家长中实施"六个一工程"：做一名家长学校合格的学生，做到持证上岗；亲子共读营造一个书香型、学习型家庭，实现两代人、三代人共同成长；做一名光荣的特聘教师和家长志愿者；每学期陪孩子远足或外出旅行一次；建好一个有利于家校沟通、促进亲子共成长的博客；给孩子建立一个完整的成长档案。

为了进一步搞好亲子共读和共同写博客活动，赵瑛在自己的班里创建了周末家庭联合读书会。家庭联合读书会的成员是十几个家庭，每周末为孩子们举办一期，每期一个主题，由孩子轮流主持。孩子和家长在周末，摒弃了电视和麻将，沉浸在书海，共度幸福时光，用阅读开启幸福人生的旅程。

亲子共读真有神奇的力量，不仅让很多家长拒绝了一些下班后的无聊应酬，还把以前常在麻将桌上"奋斗"的家长拉到了孩子身边。共读共写，让孩子和家长拥有了共同的精神尺码。

"自从孩子上学后，我整个生活状态发生了改变，每天晚上睡觉前至少和孩子一起读半个小时的书。"在电视台工作的学生家长李芳乾说，

"通过和孩子一起读书、写博客，我不仅读的书多了，驾驭文字的能力提高了，而且养成了定目标、定计划的良好工作习惯。"

刘苏瑶的妈妈吴玉慧是一名幼儿园教师。以前工作中不想碰电脑，"100个字能敲1个小时"，但孩子上了油田一小后，她硬着头皮建了博客。通过几年来和女儿共同写博客，她的写作能力不断提升，得到了领导和同事的广泛认可。现在，读书、写作已成为吴玉慧的生命方式，她也在自己的班上有声有色地进行着绘本阅读的实验。

在油田一小，每个班都有自己的家长委员会。班级家委会从一年级就开始建立了，从配合学校工作到组织大型活动，家委会深度参与班级管理。家长想进入家委会必须经过申报。

在濮阳市油田教育中心工作的任文明，是四（2）班家委会的会长。据他介绍，一个学期里，班级要开展哪些活动，班主任和家委会在开学初就规划好了。很多工作根本不需要班主任操心，班主任负责出题，家委会负责实施。比如元旦联欢会，场地、训练、指导、节目单等都是家委会成员分工协助，甚至教室里的光荣榜都是家委会成员做的。前不久，四（2）班刚刚举行了秋季采摘活动。从选场地到定线路，从谈价格到做游戏，从租汽车到吃午饭……家委会分了8个组负责不同的工作，每个组都有组长。

另一个班级家委会负责人孙守军，把家委会的职能定位为"班主任的左右手，班级的后勤部"。"家委会一般每年至少组织七八次活动，比如春游、庆六一、中秋赏月、秋季采摘、元旦联欢等。家委会有会长、秘书长，有管组织的，有管纪律的，有管财务的……甚至还负责请各行各业的特聘教师，为孩子打开认识社会的窗口。"孙守军说。

与家委会携手，油田一小开发了一门综合体验性校本课程——"十大快乐之旅"：以油田地质院、采油院、钻井院为基地的石油科技之旅，以戚城公园、子路祠、仓颉陵为基地的历史文化之旅，以热电厂、污水处理厂、垃圾处理中心为基地的环保之旅，以世锦园为基地的高新农业之旅……把社区作为一个大课堂，充分利用社区各种文化、教育设施，主动联系和参与社区教育活动，把社区教育融入了学校教育工作中。

与此同时，学校把小学阶段家长应该了解和掌握的家庭教育内容归结为搞好幼小衔接、引导孩子养成良好习惯等 10 个专题，每个年级两个，编辑了小学生家庭教育指导手册，作为家长学校的主要教材。

由于各项工作得到了家长的充分认可，所以在油田一小，从购置安装多媒体到安装挡光窗帘，从调整桌椅高度到组织各种活动……家长为学校活动尽心尽力。

半个月前，教一年级的孙惠梅遇到了一件让她震撼的事：开学的第一个家长会结束后，七八个家长迟迟不肯离开教室。"孙老师，咱们教室的墙壁实在有些脏，我们几个家长留下来就是跟您商量一下怎么把教室布置得漂亮些。"在商议的基础上，大家最后统一了意见：以快乐为主题，适合低年级孩子特点，整个教室贴壁纸。拉桌子，刷胶，剪裁，贴壁纸……家长们从下午 3 点开始布置教室，孙惠梅也加入他们的行列。下午 6 点，临时有事的孙惠梅提前离开了。让她没想到的是，等晚上 9 点半，办完事经过学校时，她发现教室的灯依然亮着，两位老人正拿着饭盒坐在门口，教室里的家长们却正干得热火朝天……那天晚上，教室焕然一新时，已经接近零时了。

让孙惠梅更没想到的是，家长们还为班级捐赠了一套价值 1 万多元的多媒体教学设备。"您见过这样支持老师工作的家长们吗？我一定要服务好孩子和家长们，一定把班级带出个样来！"孙惠梅说。

创新德育，让养成教育体系化

在马新功看来，养成教育随着时代的发展，到了今天已不再仅仅是德育的一部分，而是一个大教育的概念，它包含了德智体美劳等各方面的内容。

为了增强养成教育的计划性、系统性、针对性、持久性、自主性和个性化，油田一小结合学校实际，在学生中提出并实施了以"生活自理、学习自主、行为自律、安全自护、信心自强"为核心内容的"五自"养成教育，变他律为自律、变外驱为内驱、变零碎为系统、变补短为扬长、变统一为个性、变短期为终身，逐步找到了一个养成教育的新途径、新方法，并取得了显著的成效。

对"五自教育"，马新功进行了系统解读：生活自理是基础，要求学生自己的事情自己做、家里的事情帮助做、学校的事情积极做、社会的事情参与做。学习自主是重点，要求学生从小就把学习看作是自己的事情，并不断锻炼和培养学生的自主学习能力和良好习惯。行为自律是关键，要求学生从小养成各种良好的品质、要主动处理好与他人的关系、与社会的关系、与自然的关系，在家做个好孩子，在学校做个好学生，在社会做个好儿童。安全自护是保障。生命既是脆弱的，又是不能重复的，在学校、家庭、社会中不安全因素日渐增多的今天，引导学生学会安全自护就显得格外重要。信心自强是核心。自信心是一个人成长和发展的灵魂，没有自信的人，别人怎样扶持也长不大走不远，而一个自信的人，只要自己不气馁不趴下，别人是很难打倒的。

在"五自"养成教育的具体实施中，油田一小通过"五段三线自主发展养成教育实践研究"课题驱动，逐步确立了"立足习惯培养——抓好养成教育——形成道德品格"的思路，通过"明理——体验——感悟——内化——实践"的基本做法，构建了抓住三条教育主线、实施三种教育途径、注重五个教育环节的特色养成教育模式。

"三条教育主线"是指从学校、家庭、社会三条主线全方位展开养成教育研究，重视学校教育、指导家庭教育、协调社会教育。三条线互为补充、互为依托、互相交织，形成了"人人管教育、家家会教育、社会重教育"的养成教育机制，促进学生良好品质的形成。

"我们注重在活动中内化养成教育，在家校中促进养成教育，在社会上践行养成教育。"副校长唐春花说，"为了在活动中内化养成教育，我们持续开展'六个一活动'：一根跳绳强身体，一件乐器陶性情，一张习字打基础，一首古诗丰底蕴，一句格言立志向，一位名人做榜样。"

为落实"在家校中促进养成教育"，教师王小玲研发了"毅力卡"。在每月第一周的班会上，王小玲都会给学生发放一张制作精美的"毅力卡"，内容有全班统一的，有针对孩子的弱点需要家长监督的，还有商定培养的其他习惯。如果当天孩子按时完成了，家长就在卡上签字，如果孩子连续3天做到了，家长就发短信让老师在班里进行表扬，并发放"毅力章"。如果一个月都做到了，该生就被评为"毅力小明星"。每个月末，当学生的好习惯养成后，再增加"毅力卡"的难度和更新项目设置。

"及时的表扬和奖励让孩子更加自信，而自信又促进孩子取得再一次的成功，从而形成良性循环。"王小玲说。

谈到"毅力卡"带给孩子的变化，姚震烁的妈妈说："震烁以前在练琴、整理房间、收拾书包等方面做得不是很好，特别是练琴，三天打鱼两天晒网，让我很头疼。但'毅力卡'的使用，让孩子有了很大的改变。这张小小的卡片是对孩子们承诺的一种敦促，也是对孩子们坚持的一种记录。现在孩子的学习自主性提高了，各种行为的自律性增强了，我看在眼里，喜在心中。"

在"28天，我们一起来见证"活动中，教师带领学生制定年级目标、班级目标、个人目标，并带动家长参与。在这个活动中，学生阮晗钰的个人目标是"每天帮妈妈洗两次碗"。"我爸爸常年在外地工作，妈妈一个人操持家务很辛苦。刚开始帮妈妈洗碗时，觉得很好玩。洗了几天后，我就觉得没什么意思，想打退堂鼓了。可是一想到那张考核记录表,我就暗下决心继续坚持。"阮晗钰说,"每次洗完碗,看到妈妈脸上的笑容,我都会觉得特别开心。"

看到孩子生活自理、学习自主能力的日益增强,阮晗钰妈妈幸福地说:"学校的养成教育让我现在就开始享女儿的福了。"

创新学校文化,造就未来教育家

"只要上路,就天天走,总会遇见隆重的庆典。自从在赵老师引导下建立了自己的博客,这句话就一直激励着我,带给我无穷的力量。"在油田一小礼堂里的一场报告会上,台下坐满了教师和学校领导,在台上做报告的却是五年级学生李博研。为了给老师们做好 30 分钟的报告,李博研精心准备了课件,系统报告了自己快乐写博客的经历,分享了自己成长的感想。之后,另外一个研究汽车的学生做了一场个人汽车研究的报告。

校长带领学校领导和全体教师听本校小学生做报告,折射了油田一小的文化和马新功的管理思想:"对教师、学生的发展有时候需要引领,但对教师、学生的服务更多需要的是跟随。你发展到哪里,领导的服务就跟随到哪里,你成长到什么程度,学校就给你搭建多大的展示舞台。"

真正阻碍学校发展的,是管理体制和运行机制。在马新功看来,支撑学校发展的不是有能力的教师,而是全身心投入工作的教师。"一个学校的发展水平,取决于能有多少教师全身心地投入工作。"

在油田一小,全身心投入工作的、有创新性的教师很多。

排演童话剧《人鸦》之前的那个暑假,侯长缨在一篇随笔中这样写道:"为了下学期的童话剧课程,整个暑假,我都沉浸在音乐、电影、诗歌、书籍中。越听越看越激动,似乎眼前出现了那一台大家千辛万苦后一起生出的'童话剧宝宝',有歌,有舞,一场精神的盛宴。女儿也在帮我找音乐,找到了合适的,我很惊喜,她也很有成就感的样子。我似乎也看到了班里的孩子们创造后的喜悦……"

那个暑假,侯长缨自己做了一个童话剧的课程计划,在"课程目标"中,她列了以下4条:"第一,通过排练童话剧,带领孩子们挑战自己,从而唤醒孩子们心中的巨人。第二,通过排演童话剧,让全班汇聚在伟大事物周围……让孩子们明白不管是生活中还是童话剧里,每个角色都是重要的,只有通过合作,才能创造更多的奇迹。第三,把晨诵、午读、暮省、童话剧、电影、教室布置整合在一起,发展孩子们的创造力,让孩子们在行进中发现自己的潜力,让他们的生命之树逐渐繁茂。第四,教师和孩子们一起穿越,一起编织,一起去克服内心的胆怯。让《人鸦》中'顺着嘴巴的方向向前飞''谁改变了自己,谁就改变了世界'这些话真正在我们身上复活。"

那个学期,为了取得家长的支持和理解,她每周写一封公开信,讲述班级故事,提出新的要求,公布每周末童话剧课程的挑战内容,鼓励孩子们进行参与和创造。

"尽量让孩子们在学校完成各项工作,如在美术课上可以设计服装和道具,在音乐课上可以排练舞蹈或教唱歌曲……只有让童书《人鸦》中的这几句话在孩子们的行动中体现出来,他们才能真正被唤醒,孩子们才能真正拥有勇气和自信。我们不但要演好童话剧中的角色,更要演好生活中的面对各种挑战的自己。"侯长缨说。

无论是暑假期间制订童话剧课程计划,还是每周给家长写一封公开信,这些都是侯长缨额外的工作,没有人要求,也没有人奖励,完全是她自觉自愿,发自内心。

一路行走,一路创新,一路收获,一路快乐。在油田一小,像侯长缨一样,全身心投入工作、内心充盈着职业幸福感的教师很多。

赵瑛每天晚上都要浏览班级博客,点评每个学生的博文,"12点前没有睡过觉"。阮君完全沉浸在自己的工作中，每年暑假，都要花费将近1个月的时间，为班级70多个孩子制作电子书，记录70多个生命一年来的成长。"做自己想做的、喜欢做的事。一个班给了你，这个班就像宝藏一样。"她说，"给我个校长，我都不当。"

"学校上午8点上课，但7点半所有教师全到学校了，这绝不是做给校长看的。"孙惠梅说，"我已经43岁了，说实话，接一年级很累，但我愿意。"

王小玲深有感触地说："在我们这个共同体里，没有钩心斗角的猜忌，没有鸡毛蒜皮的是非，有的只是教学经验上的传授、教学方法上的指点、疑难问题上的探讨、班级管理上的支着。课间10分钟，听到的不是家长里短，而是同事们对授课过程中自认为精彩的环节的讲解与再现，让优秀资源共享；教研会上，看到的不是敷衍了事，而是每一位主备课人认真钻研教材后对文本深刻的解读与分析，让大家受益匪浅。在这样一个纯净、专业的团队中工作，我们身心愉悦，兴趣盎然！"

……

这就是油田一小教师团队的工作状态，这就是油田一小的文化。也许，这正是油田一小持续创新、快速发展的秘密所在。

中国的帕夫雷什中学

教育家苏霍姆林斯基和他的帕夫雷什中学是世界教育史上的两座高峰。把开封市求实中学称为中国的帕夫雷什中学是不是太夸张了？也许，读完本文，您的看法可能会改变。

孝星评选：唤醒道德生命的感动

人世间有这样动人的一幕：一位年过80的老人老泪纵横、顿足捶胸地喊道："孩子，你真遭罪呀！每天给我擦屎擦尿，我这样拖累你，咋不早死呀！"小女孩紧紧握着老人的双手，哭着说："不，爷爷，我甘愿这样伺候您！"谁能相信，早在8岁的时候，父母在外做生意，她就与爷爷相依为命，挑起了生活的重担，不仅要买菜做饭，还要给爷爷洗衣、洗脚、理发、刮胡子、擦洗身子、倒尿盆……谁说"久病床前无孝子"？初一（2）班的王欣欣用童心的纯真、孝心的深沉、爱心的火热，演绎着人世间最美的感情。

……

顶着炎炎烈日，父亲汗津津的臂膀拽着餐车到鼓楼夜市出摊；迎着凛凛寒风，母亲红通通的手指伸入冰冷的水中刷洗碗筷。这一切都印入了孩子幼小的心灵。他上小学二年级的时候就自己起床叠被,自己做早餐。假日里,炎炎烈日下,他和父亲一同拉车出摊;凛凛寒风中,他与母亲并肩刷洗碗筷。这位把困难当成奋进的阶梯、主宰自己命运的人就是初二(1)班的田文龙同学。

……

两岁的时候,他就整天陪着病重的父亲生活在医院。尽管他和妈妈付出了家里的一切,他的爸爸还是痛苦而无奈地闭上了双眼。从此母子相依为命。那天晚上十点,大雨滂沱,在幼儿园工作的妈妈还没有回来。是娃娃还没有被家长完全接走,还是妈妈忘带了雨伞?于是,他勇敢地冲出家门,徒步跑向了幼儿园。当他拿着雨伞浑身湿透地站在妈妈面前时,妈妈紧紧地抱住他,泪如雨下……初二(9)班的贾君华同学在困苦中懂得了亲情,演绎了亲情。

……

以上三段文字选自开封市求实中学的"孝星事迹介绍材料"。

"求实孝星评选"活动每学年举行一次,由各班将孝星材料推荐到总校参评。学年初的开学典礼上,孝星在全校师生的掌声中被请到主席台就座。在主持人动情地介绍事迹后,孝星一一与校长拥抱并接受奖励,在照相机的闪光中向因被感动而欢呼的同学们挥手致意。孝星的照片和事迹简介被制作成灯箱,布置在校园最醒目的位置。

孝星们英雄般的礼遇和光荣,对学生们产生了强烈的情感冲击。这正如一位老师所说:"从在场学生的晶莹泪光中可以看出,他们感悟到了许多许多平常感悟不到的东西。"

校园灯箱上除了孝星外,还有博学之星、习惯之星、体育之星、进步之星……多元评价让更多的学生成了明星。校园里的50个灯箱,被分配到每个班,每一个月撤换一次。

开学典礼：让学生记住一辈子

整个操场上爆发出阵阵笑声和欢呼声，3000多名师生笑得前仰后合……这不是联欢会，而是开封求实中学的开学典礼！

让开学典礼长期板着的"脸"绽开笑容，是求实中学的一个创举！

在这个开学典礼上，几十位老师包括所有校领导在内，都对典礼的流程毫不知情，坐在台下，随时听候主席台上学生主持人的召唤……

"请刘震老师上台领奖！"学生主持人郑重宣布。儒雅的刘震老师满怀着激动和期待，迈着方步走上主席台。

"刘震老师的奖品是大白菜奖牌一面！"刘老师和台下的师生还没回过神儿来品味什么是"大白菜奖牌"，一个学生已经走上前台，把一叶用丝带串起来的大白菜叶挂在了刘老师的脖子上。

台上台下立即哄堂大笑起来。笑声中，颁奖人开始一本正经地致颁奖辞：

"为什么给刘老师颁发大白菜奖牌呢？因为学生向刘老师问的每个问题，他都讲得明明白白。他曾说，希望把我们教育成人才。所以，他的奖牌是'白'（讲得明白）'才'（培育学生成才）——白菜。历史上与'白'字有关的名人很多：李白、白居易、齐白石，还有英国的伊丽莎白……今天，又多了一个我们的白马王子——老刘！"

接下来的颁奖换了一种方式。

"你总是心太软，心太软！把所有的眼泪都自己淌。很多事做着简单，却使你泪水泛滥……最爱我们的人，最心软的人，是你，是你，还是你！"颁奖人把歌词改编成了颁奖辞，"请台下的同学和老师猜这是哪位老师。"

"胡琴英！胡老师……"台下喊声一片。主持人立即宣布："对！她就是本年度最心软、最易被感动的英语老师——胡琴英胡老师。掌声欢迎胡老师上台领奖！为了我们，您的手整天在红粉笔与白粉笔之间徘徊，所以奖励您一瓶护手霜。俗语说'十指连心'，希望送给你的护手霜，能让你用在手上，美在心上，刻在记忆里！"

胡琴英早被感动得"泪水泛滥"了！

"忘不了您的大手掌，在您讲课的时候，它是最忠实最耐用的黑板擦……"第三段颁奖辞刚开始，台下学生就喊成了一片："董涛！物理老师董涛！"

"董老师爱用手擦黑板，袖子上经常沾满了粉笔末。他的奖品是一副袖头。"颁奖人深情地说，"希望奖给您的奖品能代替您的衣袖与黑板亲密接触，能让您感受到69颗心对一颗心的爱戴！"

"在所有的老师中，他是最潇洒的一个，绅士风度在他身上得到了最完美的体现。因此，他成了学生心中超凡脱俗的偶像。他以惊人的记忆力、出众的口才，在课堂上让学生佩服得五体投地。再加上一副可爱的小胡子，这就是一个如此这般的他。"

"王国华老师……"颁奖人在笑声中大声喊道："他就是上天入地无所不能、聪明伶俐、风流倜傥、八面威风、天下无敌的河南省开封市求实中学的政治老师——风流才子王国华。他的奖品是一只剃须刀！希望奖给您的剃须刀能让您时刻记住那个爱您的四班。"

……

"传统的开学典礼，领导在上面讲要求，全体师生在下面'听'。会开完了，很多学生并不知道校长在台上讲了些什么。因为这种形式下的开学典礼，学生只是一种道具——为开学典礼创造一种宏大、热烈场面的道具。校长看起来很神气，其实很可怜——他们滔滔不绝地慷慨陈词，却很难得到回应。"求实中学校长张建平分析说，"我们要把本该属于学生的开学典礼，还给学生！在我看来，学生高高兴兴搞活动，老师轻轻松松当观众,这是最佳的活动效果。"

那一年的开学典礼给师生们留下了尤为深刻的印象。当时在场的一位清洁工还记得那个场面:"最后一个环节是全校师生同唱《感恩的心》,大操场上,几千名学生和老师动情地同唱这首歌,很多教师和学生都感动地流泪了。当时,我远远地站在操场边上,我也被感动得哭了。来求实中学之前,我曾先后在三所学校工作过,我活了几十年从没有见过那么感人的开学典礼。"

社会实践:体验中丰富学校的功能

"快来买啦,顶花黄瓜,鲜西红柿,嫩绿辣椒……"菜市场上的这些叫卖声竟出自一群十二三岁的孩子之口。这些孩子是求实中学的学生,他们正在搞社会实践活动。

吴亚光,一个文静的女孩。作为这次卖菜活动四人小组的组长,早上天还没亮,她便领着自己的三个组员来到蔬菜批发市场。他们把自己的零花钱兑在一起,批发了一大袋黄瓜,用三轮车拉着飞快地来到附近的菜市场……

"我们这一代,别说卖菜,平时就连买菜的机会都很少。但是,今天当旁边的一位老大娘为我们让出一个摊位,用她那粗糙冰凉的手为我抹去眼泪的一刹那,我的心在激烈地跳动……"

"'你喊吧,我不好意思,你喊了我一定喊。'我们都这么想。看着人们从我们身旁走过,生意一笔笔流走,叫卖声却喊不出来,我们心急如焚……一个'卖'字还没有完全出口,便又收了回来。路过的一位七八岁的小朋友看着我焦急的样子,竟然笑了起来!顿时,我脸上火辣辣的。小朋友的嘲笑让我受不了了,叫卖声脱口而出……"

"太不容易了,一天的奔波,我只赚了一块两毛钱。想想平常自己买一双几百元钱的名牌运动鞋,一点也不在乎,我觉得自己太傻了,根本没有体谅父母的辛苦。那天赚的一块两毛钱,我永远都不会花掉……"

这是同学们的肺腑之言。

与卖菜相比,野外拉练活动更让学生们难忘!以下是"求实中学精英团"徒步45公里瞻仰焦裕禄烈士墓的几个镜头。

镜头一:求实中学东校门口。"精英团"以班为单位,齐声背诵孟子的"天将降大任于斯人也,必先苦其心志……增益其所不能"。激昂有力的声音与猎猎红旗相应,与荡荡蓝天相接,充溢于天地之间。

镜头二:下午两点,杜良乡。走了25公里的师生在此暂停,休息就餐。两个食堂的师傅为同学们准备好了热气腾腾的面条。同学拿着各自的餐具,一句句的"叔叔、阿姨"让师傅们喜不自禁。临走时,同学们没留下一片废纸。

镜头三:午饭后的行进路上。上午还在队伍中蹦来跳去毫不怜惜自己体力的同学,这时也安静多了。有的脚上已磨起了泡,大腿带着脚机械地往前走着……突然体育老师说:"我们要组成突击队,有敢参加的同学跟我来。"红旗在前,一个、二个、三个……长长的突击队很快组成了……

镜头四:下午6点半,曲兴一中。又冷又饿、已经疲惫不堪的队伍决定在这里过夜。来到寝室,上下两层大通铺,窗户残破不堪,冷风肆无忌惮地钻进房内。床上的铺盖虽显破旧,但挺整洁,寝室冷得像冰窖一样。晚饭是馒头、咸菜、豆腐乳和大米粥。平时很不起眼的东西,大家却一个劲喊"香"。

野外宿营、黄河远足、郑州一日生存、郊野趣味运动会……诸如此类的活动,求实中学的每一位学生都会经历。

这些活动在很多校长和老师眼里是"冒天下之大不韪",张建平校长对此虽每每倍受煎熬但仍然乐此不疲:"一旦有事肯定是我的责任,没人能替我承担责任。有时想想自己挺傻的,安安生生教你的书,何必担那么大的毫无利益的风险呢?但我知道,让孩子们多体验不同的生活,感受离开家长、老师独立生活的滋味,让孩子们享受自由自在的生活阳光、同学们之间的纯洁友谊……这是任何课堂都代替不了的。虽然,每次我都提心吊胆,但是,每年都在搞——因为,学生喜欢,学生的成长需要!"

主题班会:真+新=成功

和很多学校一样,求实中学的班会分常规班会与主题班会。

常规班会是每周一次,多是学生分组讨论班里好人好事与不良倾向,小组代表发言,班长和班主任总结。

对于每月一次的主题班会,张建平给班主任提出了三条要求:一是要新,不仅班会的主题内容要新,而且班会的形式也要创新;二是真,班会要说真话,感情要真挚;三是主题班会要让学生记一辈子。

金莹老师的家里有4个大小相当的工艺瓶,这几个瓶子被金老师称为"许愿瓶"。金老师已经送了4届毕业生,每一届学生的最后一次主题班会都是有关理想的。每一个学生和老师都要为十年后的自己许个愿,并将愿望和自己的姓名一起写在一张纸上,把写满愿望的纸投进"许愿瓶"。"许愿瓶"要当众密封起来,十年以后师生相聚才能打开"许愿瓶"。金老师最希望看到的是,在学生毕业后的日子里,"许愿瓶"能激励着他们奋发向上,她的学生都能实现自己的理想。

袁学超老师在博客上,记录了一个"十四岁的天空"的主题班会

案例:

班会主旨:

针对当前孩子生日 party 铺张浪费、父母辛苦受累的现状,本次班会给孩子过集体生日,要让学生动真情,要有歌声,要有感动。目的是能让孩子们通过班会珍惜现在拥有的,理解父母的不易。

班会准备:

贺卡每人一张,并在贺卡上写下对他们的祝福和建议;红色小蜡烛每人一个;生日蛋糕一个;《烛光里的妈妈》《生日快乐》音乐;叠纸鹤的彩纸;每人一个信封和两张信纸;适量餐巾纸;邀请一些班级中存在问题的学生的妈妈,全体家长参加更佳;安排 DV 拍摄人员

班会过程:

一、向同学们分发装有信纸和叠纸鹤的纸的信封及贺卡。

二、向学生和家长申明班会的意图并感谢相关人员,以一个游戏作为开场:先让几位母亲坐在讲台前摆放的板凳上,让她们的孩子带上面罩,去触摸母亲们的手,从而找出自己的亲人。然后母子位置互换再做一遍。此活动是让孩子比较母亲对他们熟悉、关注程度与他们对母亲熟悉、关注的程度。

三、让事先安排好的几个学生代表发言,说他们最感动的关于母亲的事。我也说出发生在自己身上的关于母亲的事。在这个过程中一直播放《烛光里的妈妈》,班级内开始有了感动的气氛,能听见啜泣的声音。

四、将事先准备好的信(《谎言如此美丽——替家长写给孩子的信》)读给所有人听,这时,孩子们哭声一片,不少家长也开始啜泣。此时,开始谈家长的不易和对于孩子的殷切希望。(在这之前将蜡烛分给每个学生并且点燃,关掉教室内的灯。)

五、让学生家长代表(今天过生日的学生的妈妈)发言,音乐不停。

六、让每个小组派一个代表和今天的实际小寿星一起吹灭蜡烛，（在吹蜡烛以前先让他们许愿，并将愿望写在纸上，叠成千纸鹤，然后用线挂在教室里）并分发蛋糕。

七、让学生打开信封，在信纸上给妈妈写一封信。老师将灯打开，吹灭蜡烛，并将蜡烛收集起来，将它们在墙上粘成心形。

到此，整个班会全部结束，孩子们开心地过了一次集体生日，并且深切体会到了母亲的不易，家长也更关注、理解自己的孩子。整个活动中有互动游戏，有情到深处的声泪俱下，有对人生的感悟，有对于父母的理解，有对于未来的理想。

晨会与谈心本：学生的精神加油站

求实中学每天早上都有 20 分钟的晨会时间，其中 10 分钟由学校统一安排：有时是校长总结、点评前一天的表现，有时是把好文章读给全体师生听。另外 10 分钟由班级自主安排，内容更为丰富多彩。

张凯俊老师利用班级晨会时间，为学生们开了三个专题的讲座：一个是名人传记，一次讲一位名人；一个是名著赏析；还有一个是特色大学，介绍中外一流大学的名人逸事和办学特色。

求实中学的学生都有一个谈心本。谈心本被称为学生的精神加油站、心理疾病的医疗中心。

在谈心本上，学生向老师倾诉各种心事，有少女心事，有对父母的抱怨，有对班级某些人的不满，也有对人生的迷惘。

"老师，我妈妈最近给我买了一本《哈佛女孩刘亦婷》，天天拿我与刘亦婷比，我就不满地想，你怎么不像刘亦婷的妈妈一样？面临中考我本来压力就大，叫她这么一烦，更没心情学习了。"

"老师，我这两天上课听不进去，你让我回答问题，我几次都不会，看到你温和的目光我实在不想再瞒下去,我这两天收到一个男生的来信,信写得很暧昧,我的心很乱。这是我第一次收到男孩子给我的信,我该怎么办?希望您替我保密。切切!"

于是,老师依此与学生谈心,或进行家访……

"吃大户":学校成为精神的王国

与求实中学的毕业生交谈,他们总会说母校有太多的东西令他们难忘!

一年腊月二十六,已经高中毕业的学生回到求实中学,为他们的老师送去了自编的春联。给张建平校长的春联是:求真求实但求奉献,实诚实干名不虚传。"带头写春联的陈卓被哈佛大学录取后,第一个给我打电话。"张建平说,"看到这些孩子如此眷恋母校生活,我有一种无法用语言表达的幸福感。"

每到教师节和春节前夕,已经从求实中学毕业的学生总会自发地回到母校看望老师。他们为老师送去鲜花,和老师一起吃饭、谈心,很多老师都要接待几十个学生。张建平把这种现象趣称为"吃大户"。

还有一年教师节,30多名已在高中就读的学生抱着鲜花来看望老师金莹。当时,金莹老师正在上课,这些学生就排着队站在教室外的走廊上静静地等到下课。"下课后,学生和我挨个拥抱,那天晚饭,我请大家吃米线,一下子要了40碗……"金老师高兴地说,"去年春节前,已经毕业的学生来看我,刚好对门张老师的学生也来看他,又刚好两拨学生都是一届的,我们大家就合在一起包饺子。那种感觉真好……"

无为而治与有为、有位

在开封市求实中学教师的眼中,求实中学对他们最大的吸引力就在于能够实现自我价值,而这种价值的实现源自求实中学崇尚的"无为而治"。求实中学在管理上奉行无为而治,追求管理的简单化和高效率。作为校长,张建平充分尊重、信任、关心教师的生活、工作和专业成长。

与很多学校不同的是,求实中学没有考勤制度。在张建平看来,她始终相信教师是不会无故迟到或早退的。实践证明,求实中学从来没有出现过教师因迟到、早退贻误工作的现象。相反,学校每天都得用按时拉闸限电的办法督促教师离校。

求实中学从来不检查教师的教案,从来不要求教师"工工整整"地写教案。但是,与求实中学的教师交流时你会发现,他们的备课非常认真,而且主要是备"学生"——"这一班学生学习这一课时会产生哪些问题?那一班学生呢?"备"学生"是一种走进学生心灵的功夫,这个功夫不是教学参考书可以提供的。

求实中学对教师没有太多的规章限制,但有一项制度却非常严格,即读书制度。求实中学要求每位教师在教师阅览室内每周读4个小时的教育理论书,并要求教师每周做1000字的读书笔记,这是晋升加薪的必要条件。所以,求实中学的教师阅览室里放着每位教师的读书档案。

让很多到过求实中学的人感到最不可思议的是,求实中学教师的工资、奖金吃"大锅饭"。求实中学曾向全体教师做过调查:工资、奖金应不应该拉开档次?多数教师的回答是否定的。原因是,拉开档次的依据一定是"业绩",那样,便会迫使一些有着丰富经验的教师在集体备课时"留一手",这是对集体协作精神的冲击;另外,抢业绩也会让教师拼命地挤占学生的时间,加重学生负担。求实中学教师的工资水平在整个开封市处于上游,教师们在调查意见中一致反映,留住教师的一是事业,二是感情,三是环境,最后才是报酬和待遇。因此,求实中学一直坚持工资、奖金吃大锅饭。

也许有人会对此提出质疑,但是如果你了解了求实中学的整个情况便会发现,求实中学这种管理背后积淀的是一种独特的文化。

求实中学为每一位工作满1年的教师买了4种保险:医疗保险、失业保险、养老保险和人身意外伤害保险。"今年,学校又按教龄的不同给教师办了重大疾病保险——这是基于对教师生命和健康的人性化考虑做出的决策。"张建平说。

就是在这样的工作环境中,被很多人认为是"奇怪现象"的管理正在和谐演绎,每一位有理想、有激情的教师都在各自的工作岗位上实现了自我个性的张扬。张建平认为,这些都是学校采取人性化管理的结果。这种寓"有为"于"无为"之中的管理,才是真正意义上的最有效的"管理"。

博客日记与教师评价

张建平在自己的博客上写有这样一段文字:

> 每学期一次的教师教学过程评比工作结束了,面对交上来的一堆堆表格和冰冷的数字,我又一次一筹莫展了。平心而论,每次评比总会伤害一些教师。我一直感到于心不忍。而且,这次的分数很接近,仅96分的就有30多人。如果按习惯,把分数按名次排列用表格的形式发给教师,既省事,又一目了然。但是,我决定,不发表格了,改由我写信,以书信的形式与教师交流想法,并且把分数合成等级实行模糊评价。

我们经常感叹学生对分数如此重视，而我们的教师又何尝不是这样呢？与其让教师因为自己没有达到99分、100分耿耿于怀，不如实行模糊的等级评价，让教师减少一点压力。于是，我对全校的133位教师实行了等级评比。

　　多年来，我养成了一种习惯，无论什么制度到了我手中，都要经常变。变的目的很简单，就是越来越人性化，越来越符合人的心理需求。

　　各种分数和名次，对学生来说是厌恶的、冰冷的、毫无感情色彩的，即使是优秀学生，也不会很喜欢。如何用好考试分数，表面上似乎是我们教学工作以外的事情。但是，它可能比教学更重要。一个温馨的提示、一个公正的评价、一段激励人心的话语……让冰冷的数字充满了热情。分数后面还需要我们做太多太多的工作。

作为校长，张建平一直在思考学校评价制度的科学性。求实中学能实行这种"无为而治"的最大保障是什么？张建平的理解是，关键是学校对教师的评价体系是否公平、公正、合情合理，让教师感到公平、公正、合情合理了，他们就会心情舒畅、自觉自愿地投入工作。

求实中学对教师的评价不是校长一个人说了算，而是完全公开、透明的。在求实中学的教师评价中，教学过程、教学效果、学生问卷评价、教师博客日记各占1/4的比例。几年来，求实中学的教师对评价的结果是心悦诚服的。

每学期，求实中学的每位教师都会拿到一张非常人性化的考核表。首先，教师进行自我评价。然后，通过综合来自学生、集体评议等方面的意见，教师可以了解到自己在全体教师中所处的位置。但是，每个教师所处的位置，只有这个教师自己知道。考核的目的是激励教师不断努力，而不是伤害教师的自尊和人格。

教师拿到自己的评价反馈表,有不同意见的,可以进行申辩。当然,连续排在最后的教师将会被"淘汰"。因此,求实中学的教师工作都很卖力,他们非常珍惜这份工作。

张建平认为,"得民心者得天下",管理者要充分考虑最广大的"民心"。"我深知人心凝聚的重要,而人心是要用人心来换取的。我完全是用自己对教师的爱护、信任和尊重,换来了教师对学生的爱护、理解,对教育事业的忠诚、热爱。"她说,"校长对教师的管理,应该是一种柔性管理,把诚信和关爱都融入温暖的情感之中。教师要变学生的'要我学'为'我要学',那么,校长也要变教师的'我必须努力干'为'我要努力干'。"

校长信箱与 3700 名助手

求实中学的每个分校都设有校长信箱,校长每天会收到许多来信。这些来信,校长亲自阅读,信中反映的问题,校长也亲自处理,并于当天反馈给当事人。求实中学的校长信箱让很多学生找到了自信。

求实中学的校长信箱原来挂在学校办公室门口的墙上。张建平说:"以前,学生来信往往要过 24 小时后才能到我手中,有的学生对信箱的保密性也持怀疑态度,所以来信写得很模糊。后来,我在全校的学生大会上对学生说,我办公室的窗户就是校长信箱,大家有什么建议、意见都可以通过信件和我直接交流。"

自那以后,张建平办公室的窗户外常常有一群孩子,他们叽叽喳喳地议论着什么,然后小手推开窗户,一封信飘入屋中。

学生的每一封来信都写得极为诚恳,其中有建议、有意见、有呼吁,每一封信都代表了一颗水晶般透明的心:老师为什么不事先了解就向家长告状,我们很不接受;被罩质量太差,一洗就罩不进被子了;该冬游了，我们想步行去朱仙镇（隶属开封县）；寝室里经常丢东西，很影响求实中学的形象；我们想组建社团，但老师不支持……

接到这些信件，张建平都会以最快的速度解决信中提出的问题，一般在24小时内就能给予落实，并向全校学生解释。于是，"校长信箱"成了师生用心沟通的渠道。

张建平始终认为，校长要能俯下身子与教师、学生沟通，掌握他们的心理动向，他们也愿意把心里话向你倾诉，愿意谈谈他们看到的学校管理中的问题。这可以说是投入最少的成本，得到最多的好处。

"我一个校长纵使有千般武艺，也只长了一双眼睛、一双腿，而3700多个学生每天看到的信息比我看到的多得多，这些信息会让学校管理更具科学性。可以这么说，我有3700多个工作助手啊。"张建平说。

解放学生与求实"红灯"

求实中学的人性化管理更表现在对学生的高度负责和无限关爱上。张建平经常说："我看不得学生受一点委屈。"十几年来，她始终恪守这样一种理念——关心孩子的健康甚于关心孩子的分数。

求实中学每学期都要对学生进行一次问卷调查，其中"睡眠时间"和"作业负担"是问卷调查中对班主任考核的重要指标。因此，求实中学的教师从不敢闯"睡眠时间不足"和"作业负担超标"的红灯。这是求实中学最为严厉的"一票否决"制度。

对学生的作业量进行绝对控制，从而保证学生每天8.5～9个小时睡眠时间，这是求实中学在教师管理中严格执行的一项制度。张建平有和学生聊天的习惯，这一习惯已经保持了10年。一次，在和学生聊天时，她发现有教师违规多布置作业，立即着手调查，落实后，亲自写通报在全校进行批评。在张建平看来，能否精选作业、减轻学生负担是检验一个教师是否优秀、是否真爱学生的试金石。

求实中学设置的这些红灯，实际上是对教师教学过程提出要求，是在为学生"松绑"。"我认为，只要教学过程科学，教学效果肯定优秀。我们老师的教学过程全部公开，而对教学效果则相对保密。因为只有这样才能避免老师将教学效果的压力转嫁给学生，才有可能还学生一个天真快乐的童年。"张建平如是说。

每个月，张建平都要召开学生座谈会，她询问学生最多的就是能否按时吃早餐，早餐里有没有牛奶、鸡蛋。河南的冬天天短且冷，偶尔迟到的学生会把"因为吃早餐误了时间"当成最正当、最理直气壮的理由，教师绝对不会认为这个理由"荒唐可笑"。因为校长在公开场合说过，"冬天，学生宁可迟到几分钟，也要吃好早餐"。学校的现实情况是：多年来，求实中学的学生并没有因为校长说了"宁可迟到几分钟，也要吃好早餐"，而使迟到现象严重。

人性化管理的最大受益者是学生和家长。为了减少教学过程中的师生矛盾，以及教师与家长的矛盾，校长热线电话 24 小时开通，并把处理结果以最快的速度反馈给家长。

家长会上，张建平公开反对家长为孩子请家教，也坚决反对家长逼着孩子上各种各样的培训班，而是提醒家长要充分关注孩子的身体和心理健康。

每到寒暑假，求实中学的班主任总要给学生一些特别的惊喜。有的教师领着学生拿着帐篷、背着行囊去远足，或者到野外聚会、游玩；有的教师放弃休息时间，进行家访。求实中学的学生不怕教师家访，因为他们知道来家访的教师不是来"告状"的，而是和他们聊天、下棋、玩耍的。

求实不要不会合作的教师

以管理人性化著称的求实中学，也曾经辞退过一位"好"教师——他教的初三班级学科期终考试平均成绩全年级第一。

成绩全年级第一，这样的教师不仅不奖励还要辞退？！在常人看来，这是不可思议的。

求实中学倡导教师相互协作，资源共享，同教研组的教师在学生作业内容的布置、作业量的安排、学习资料的使用等方面都是统一的。但这位教师非常"敬业"，非常有"责任心"：偷偷给学生布置作业，偷偷印卷子让自己班的学生做。虽然考试成绩全年级第一，但这位教师却没有拿到新一年的聘书。

这件事在学校震动很大，也让协作的精神和能力成了教职工的自觉追求。

在求实中学，大多数表扬和奖励都是针对整个教研组的，而不是针对教师个人的。这从制度层面终结了"同行是冤家"的陋习，有效地推动了合作文化的形成。

求实中学东校初三语文教研组有5位教师。除了上班时间在办公室的集体备课，他们还在网上备课。

他们有一个叫"温馨的家"QQ群。"说实在的，只要第二天的课还没有上，就有说不完的设计，一节课的设计总是几次被否定。晚上再次看课文的时候，说不定又有什么新的发现了，就想同其他人说一说。"教研组组长高玉红说，"刚开始时有两个人没有耳麦，打字又慢，为了不耽误大家的时间，我们就都买了耳麦，这下可方便了，5个人在群里七嘴八舌讨论起来，像坐在办公室里面对面讨论一样。有时也一对一地讨论，或者给他人留言。朱老师发现了好多好的教案，就给我们每人发了一份，杨老师找到第二天要用的资料，也会马上传给大家。"

办公室还有一块留言板，无论是谁的生日，无论是哪一个节日，上面总会留下温馨的祝福；没有课的老师为有课的老师泡茶，无论是谁上完课回来办公桌上总有一杯泡好的浓香的菊花茶；上午后两节没有课的老师为有课的老师买午饭，无论是谁上后两节课，下课后办公桌上总有买好的午饭……

蒲红霞老师说："我和杨老师一般第四节都会有课，再加上是班主任，所以大多数时候都是高老师和朱老师帮我俩买好饭，用塑料袋套好，杯子里再接好开水。我们一下课就可以吃上热腾腾的饭菜。我没课时也给他们买，不过从学校食堂端着两个快餐盒会累得手酸，再加上饭烫，一路上下来，我得休息两三次。"

在有的学校，教师整天研究的是如何在教学成绩方面超越同事，但在这个教研组，每到中考前，大家研究的却是怎样不让某个班的成绩落在后面。

"我们深知，在求实中学这个人才济济的大环境里，我们不是能力最强的老师。但依靠精诚团结，我们就能成为力量最强大的组合。"高玉红说，"每次测验之后给学生讲卷之前，我们5个都要坐在一起，交流批卷的感受：哪个班哪些地方学生掌握得好一些，哪个班哪些方面弱一些，哪些题哪个班需要略讲，哪些题不但要详讲，而且还应该拓展讲，是拓展它的深度还是广度，等等。然后再由成绩好的教师介绍一下经验。这不但避免了每个人在讲卷子时的盲目性，还可以在以后的课堂上针对自己教学的薄弱环节有所倾斜。"

测验后他们最喜欢听的一句话是：这几个班的情况差不多！

"当然，同行之间存在竞争是必然的。只不过我们是在合作中竞争，在关爱中竞争，同时在竞争中成长。幸运的是我们都明白：不想合作，竞争意味着失败，不会合作，竞争意味着淘汰。"杨士文老师深有感慨地说,"在求实中学的日子里,在与语文组几人的相处中,我感觉到,在我们所有人的心里早已把彼此当成了亲人,在这里工作的意义不仅仅是赚钱,更重要的是学习和快乐。"

求实教师的几个常规项目

在求实中学,不仅评价学生的标准是多元的,评价教师的标准也是多元的。学校在组织多项问卷调查、召开各类座谈会、征求家长意见的基础上,对教师做出评价。各项工作进入前50%者视为优秀,要进行表彰。优秀班主任的奖项共有8类:整体工作评价优秀的班主任,晨会评价优秀的班主任,主题班会评价优秀的班主任,卫生、纪律评价优秀的班主任,给学生自主学习时间优秀的班主任,学生有心里话愿意向老师说的优秀班主任,班级面貌整体评价优秀的班主任,学生睡眠时间评价优秀的班主任。优秀教师的奖项共有5类:综合素养评价优秀的教师,业务能力评价优秀的教师,教学效果评价优秀的教师,课堂氛围活跃的优秀教师,学生喜欢的优秀教师。

在求实中学,每位教师每学期都必须要参加一次沙龙演讲活动。演讲的时间是5分钟,演讲的内容由抓阄来确定,一般是运用教育理论对经历过的教育事件进行分析。演讲还要打分,评委都是学校外聘的。对此,张建平校长认为,求实中学的教师之所以有一些比较一致的教育理念,之所以在公开场合能熟练地表达,这与每学期一次、人人过关的沙龙演讲活动有密切的关系。

班主任业务研讨会以年级为单位每周一次。每位班主任都有5—10分钟的发言,一般是向大家汇报自己上周工作中的闪光点,或是自己的困惑。每个人都要带着思考和智慧来参加。

在求实中学,每位教师每周都要完成4小时的教育理论学习任务。

学校提倡养成习惯、学以致用,反对突击抢时间补读的"为读书而读书"的行为。每位教师都要建立自己的教育博客,发表自己的教育随笔或教学反思、读书笔记。学校鼓励教师在教育媒体发稿,在市级报刊上发表文章,学校给予与稿费同等的现金奖励;在省级以上报刊上发表文章,学校给予稿费2倍的奖励。

丈量教师理念与学生心理的距离

　　关心学生身心健康甚于关心他们的分数。按备课组商定的教学进度统一留作业,让学生在规定时间内完成作业,不得以任何方式诱导或强制学生写额外作业。

　　每人每年征订200元教学理论报刊。(超过200元,学校报100元,低于200元学校不报)

　　三年级毕业班每门作业要压缩20%,以保证学生正常睡眠时间。

　　严禁教师额外留作业。严禁教师占自习辅导补课。严禁利用晚自习或周日补课(包括无偿补课)。严禁住校教师利用学生读书或娱乐时间补课。

　　……

以上是求实中学有关教师工作规范的部分规定。

　　注意教育大方向,关心学生的身心健康甚于关心分数,注意把握学生思想动态,通过谈心本及个别交谈、小型座谈会了解学生思想动态。

保证一年级学生 8.5 小时、二年级学生 8 小时、三年级学生 8 小时正常睡眠时间，如有特殊情况及时调整自己或协调其他教师的作业量。

订阅 400 元教育报刊。(超过 400 元，学校报 50%，低于 400 元学校不报)

每周开好常规班会，每月组织好一个有创意的主题班会，每学期组织好一次班级野外活动。

严禁接受家长请客及礼物，若有特殊情况可向分校校长请示，无法退还礼物可采用以物换物的方式还礼。

严禁随意请家长，训斥家长，不尊重家长。教师要与家长保持人格上的平等。严禁利用自习课训话，让学生高效率完成作业。

……

以上是求实中学有关班主任工作规范的部分规定。

在求实中学，每学期学生都要以无记名方式填写调查问卷，对每一位教师的工作进行评价。每学期学校都要把学生对教师的评语进行汇总，隐去教师的姓名和学科名称，以学习资料的形式印发给每位教师。学生对教师的评语既有褒奖和爱戴，也有批评与期望。教师必须要联系个人实际写一篇读学生评语的心得体会。张建平校长把这项工作称为"经常丈量教师的教育思想与学生心理之间的距离"。

让每位家长都成为学校的朋友

在求实中学，每年寒暑假都是班主任老师的集中家访期，学校要求班主任在三年内家访率要达到 100%。今年暑假，金莹老师抽出 4 天时间到兰考县对学生挨个进行家访，她的体会是：家访使许多同学感动，感动得把老师赞誉成"亲情大使";家访也使家长感动得把老师当成最好的朋友。

初二(3)班赵迪同学的父母离异后,父亲多年杳无音讯,她与母亲、外婆三人相依为命。程媛媛老师家访时,被眼前的情景惊呆了:赵迪的外婆和妈妈都卧病在床;破旧的老式家具,墙壁斑斑驳驳,天花板好像马上就要掉下来;炎热的天气里,唯一的一台旧台扇也没舍得开……望着来家访的程老师,赵迪的妈妈流着泪说了很多很多。

家访结束后,程老师内心久久不能平静。第二天,她便自己出钱从街上找来两个泥工,两三个小时便将赵迪家的墙顶铲掉重新粉刷,解决了赵迪家的后顾之忧。赵迪同学看了看平整洁白的屋顶,嘴唇几次欲张又合……

> 今天原计划走访4家,但清晨醒来发现地上一片茫茫的雪,昨天预报今天气温−5℃。我在犹豫去还是不去,不去吧,明天腊月二十六了,再家访就不太合适了。这时电话铃响了:"我们全家都在等您,我爷爷奶奶昨天晚上就来我家住了,要好好跟您说说话呢。"于是我不再犹豫,推着车子走出家门。马路上压出一条冰道,走路都滑,不敢骑车,于是只能推车走。到了第一家,原打算坐一个小时,但学生家长的那种热情让人不忍马上离开。不知不觉就聊了两个小时。从第二家出来,已近中午。在街上吃了碗面条,又走访第三家、第四家。从第四家出来时已满街灯光了。尽管我一再推辞,但这个孩子非要送送我。一路上,师生越走话越多,越说越投机。一下子就送到了我家。看着他远去的身影,我感到了一阵幸福。我感到有些教育,特别是思想教育,有时是不需要用语言的。

这是张建平校长的一篇家访日记。

张校长的感悟在学生的日记里得到了印证:

嘟嘟嘟,又一条短信发到爸爸手机上了。我赶忙过去看,果然又是丁老师发来的。短短几分钟的时间,这已经是第 25 条短信了。

丁老师经常会给家长发短信,总是对我们十分关注。二年级时,学校组织我们去黄河边野炊,那天很热。晒了一天后,回到家又脏又累。我刚一进门,爸爸就收到一条短信,大概意思是:活动已结束,孩子一天下来也脏了也累了,注意洗澡和休息,不要影响明天的学习。还有一次,星期天我写作业的时候,爸爸收到一条短信,大概意思是:请注意孩子的休息,尤其是以下同学的家长请注意孩子的休息,然后是一个名单。虽然我不在那个名单里,但也被深深感动了。看着这两条短信,作为一个老师,已经做到这一步,还能再做些什么呢?

看着爸爸手机里的短信,我陷入了沉思。相信十年、二十年后,打开它,仍能感觉到丁老师的爱!

学生的自习和活动神圣不可侵犯

新教师进入求实中学,总能听到来自老教师的忠告:"在求实你可以犯错误,张校长很宽容。但有一个错误你绝对不能犯,即占用自习去讲题。校长把自习称为学生神圣的学习时间,任何人不得用任何理由去占用。"

每天下午 4 点以后,学校进入自习阶段,整个学校静悄悄的。教室里只有学生沙沙写字的声音。每个同学都自觉遵守着纪律,生怕影响了其他同学。

张建平说,对于给学生自主学习的空间,也经过了一个很长的认知过程。一些有责任心的教师,总感到自己有责任为学生辅导,否则对不起学生。但每当教师前去辅导时,学生总是抱着一种无可奈何、一种厌倦的态度。

明明是有责任心的教师,为什么会引起学生反感?"通过调查反馈,我们认为自习应该还给学生。通过自习,他们才能学会自主学习,才能提高独立思考解决问题的能力,才能真正变成学习的主人。从1999年开始我校就明文规定:神圣的自习不容侵犯!"

神圣的自习保证了学生高效地学习;神圣的自习使学生有了自主学习空间;神圣的自习养成了学生良好的学习习惯;神圣的自习更保证了求实中学的高升学率。

由于自习效率比较高,所以学生的书面作业基本可以在学校完成。比较过去占自习辅导时,作业没少写,但效率提高了。

不准占自习的规定刚开始实行时,很多教师都接受不了,经常违规:班主任会侵占自习去整顿班风班纪,教师会侵占自习补课,会为自己没有备好课影响了教学质量而去占用自习重新讲课;各科教师会争抢自习时间,希望学生先完成自己的作业再做其他的……

老师进自习室讲课,被学校督察老师发现了,第一次黄牌警告,在《求实简报》上通报批评,第二次就扣发奖金。此外,学校给需要留作业的语、数、外、理、化规定作业量,把下午的自习时间合理分割。

"你留的作业如果大多数学生完不成,一是说明你的作业量超标,那就下次少留点;二是说明你的作业不精炼,对教材、对学生学习这节课可能出现的问题没有把握好,那就下节好好备课;三是可能你的课堂教学失败了——学生不会。学生不会了,再给多少时间也不会。你想借自习再讲一遍?对不起,学生的神圣自习不可侵犯。你只能考虑如何改进自己的教学,学生作业做不完就交做不完的,不许占用其他时间,更不许留家庭书面作业增加学生负担。"张建平说,"神圣的自习逼着教师不得不认真备好每一节课，认真选择作业题。而这正是我们好的课堂教学所需要的。"

在求实中学，除了自习时间神圣不可侵犯外，学校还规定，东校（住宿生在东校）每天晚饭后的一个小时任何教师不能进教室。这一个小时是学生自由支配的时间：想看电视的可以在教室看电视，想打球的可以在灯光球场打球，想看书的就到阅览室看书，报兴趣班的就到指定的教室参加活动……

张建平对此的解释是，经过一天紧张的脑力劳动，学生需要适当的放松和调节，学校必须要为学生提供这样的放松和调节。教师侵占学生这段时间是不人道的。"什么是和谐？和谐就是在合适的时间，在合适的地点，做合适的事情。"张建平说。

三省教育：德育的自我救赎

"三省教育"是河南省濮阳市油田第十九中学（以下简称油田十九中）校长贾建设创立的一种德育模式。

油田十九中地处城乡接合部，1996 年由 4 所薄弱学校合并而成。合校后，本来应有千余名学生，最后却仅剩下 240 名，其中不少是问题学生。就连本校老师的孩子也都转到外校就读。逢寒暑假找校长给学生转学的家长更是"络绎不绝"。

对学习没兴趣，作业不能按时完成，打架闹事时有发生，丢东西现象屡禁不止，沉迷上网，谈情说爱，卫生习惯差……这样的学生该如何教育？

校长贾建设带领全体教师躬亲力行，引领学生从身边的点滴小事做起，一步一步地改变。他们把学生存在的问题列举出来，引导学生"一日三省吾身"，从小事做起，从自身做起，逐渐养成良好的行为习惯。

什么是"三省教育"

"三省教育"就是引导学生每天对自己的行为进行反省，规范言行举止，养成良好的行为习惯。

针对学生表现出来的严重而又普遍的问题，贾建设提出了第一个

"三省教育"内容：今天我随地吐痰了吗？今天我随手丢垃圾了吗？今天我随便拿别人的东西了吗？

当第一个"三省"内容做好之后，就推进第二个"三省"，第三个"三省"……从课堂"三省"到交往"三省"，从餐厅"三省"到寝室"三省"，从卫生"三省"到家庭"三省"，从公交"三省"到旅游"三省"……油田十九中遵循学生的身心特点，考虑轻重缓急，灵活地设置德育目标。"三省"内容随时间的变化而变化，依学生年龄段的不同而不同，因年级、班级、学生的差异而表现出一定的差异。

如何做"三省教育"

一是每天开"三省"晨会。"某某同学，您昨天下午在楼道里吐痰，请多加注意。""某某同学，您昨天在草坪里玩耍……""某某同学，我看见您昨天把水房里的垃圾捡得干干净净，你的行为很值得我们每一位同学学习。""昨天我在草坪里捡了一个塑料袋。""昨天上午我在自行车棚扶起了两辆倒在地上的自行车。"油田十九中各班级每日晨会的场面热烈而真诚。

每天早上10分钟的"三省"晨会，主要是学生按照"三省教育"内容，以小组为单位，对昨天的行为进行反省，讨论昨天谁没有做到"三省"，谁做到了"三省"，开展批评与自我批评，表扬和自我表扬，填写"三省"晨会记录表。

二是写"三省"日记。学校引导学生写"三省"日记，记录自己一天生活的所见、所闻、所做、所想，对自身的举止言行进行自省和感悟，从而达到内化好习惯、自律的目的。同时，学校还可从日记中发现同学们"三省"的亮点和问题，以一定的形式表扬亮点，纠正问题，引导学生见贤思齐，见恶而省。

以下是两段学生的"三省"日记：

今天，我从餐厅出来的时候，见地上有一团纸，我无意地踢了一脚，这时一个女生跑过来，顺手捡起，扔到垃圾车里。这件事对我的触动很大，同样是一个学校的学生，我为什么不能主动捡垃圾呢？

今天下午，我和舅舅出去玩，每走到一个地方都能看见清洁工在打扫大街，因为总有行人乱扔垃圾，雪糕棒、牛奶瓶、矿泉水瓶、卫生纸、烟头，特别是小吃区，满地都是垃圾，散发着一股怪味。"三省"行动不应只是对我们的学生，也应该对大人，对所有的人。

"三省"日记触动了学生的内心，影响到学生的行为。他们在体验中有了深深的感悟，逐渐培养起健康的情操。

三是写"三省"感言。如果说"三省"日记是学生心灵的呼唤，那么，"三省"感言就是这些心灵呼唤的浓缩和精华。学校鼓励学生用简洁精彩的语言表达他们在"三省教育"中的所想、所感、所悟。

为了营造浓厚的"三省教育"氛围，学校定期组织"三省"感言评选活动，把精选出的感言及创作学生的照片做成张贴画挂到墙上，称之为"名人名言"。

"向垃圾弯腰的人，一旦挺起胸来，将顶天立地。"

"随手丢垃圾就是丢掉了自己的形象，随地吐痰就是吐掉了自己的尊严，随便拿别人的东西就是失去了自己的人格。"

"'悟'字是由'心'和'吾'组成的，这说明我们只有用心'省'，才能领悟一切，做好生活中的平凡，才能成就人生中的不平凡。"

在油田十九中，这样的学生自己的"三省"名言随处可见，已经成为校园文化的一道亮丽风景。贾建设认为,"三省"感言是学生进步的火苗,是学生思想的亮点,是学生对自身行为的感悟,是自己和自己对话,自己教育自己的真实体现。

四是唱"三省"歌曲。油田十九中的学生不仅想"三省",说"三省",写"三省",做"三省",而且还唱"三省"。学校音乐老师作词谱曲,创作了"三省"之歌:

> 靠近阳光就会感到温暖/推开了窗就会看到蓝天/播下一粒种子就会收获希望/有一个好习惯会成就明天/啊每日三省/啊每日三省/你使我懂得了敬老尊师/学会了为人处事/你使我规范了言行举止/树立了优良品行……你是我远航时前方的灯塔/照亮了我的航程/你使我养成了好习惯/伴随我成长/引导我前行

每天下午上课前,这优美的旋律都在校园回荡。

五是树"三省"典型。学校每学期都要评选"三省"优秀生,召开"三省"总结表彰大会,颁发"三省"优秀生荣誉牌。颁奖会上,学校邀请受奖学生的家长参加,由校长亲自颁发奖状,并致颁奖词。学校为获奖学生及其家长合影留念,并在学校宣传栏内展出,在校广播站连续广播。

六是开展"三省"社会实践活动。学校每学期组织学生走出校门,进行"三省教育"社会实践活动。同学们打着校旗,唱着校歌,手提垃圾袋,身披"三省"彩带,在集市上、马路边、公园里捡垃圾,擦洗护栏,散发"三省教育"宣传单,让社会了解"三省",让"三省"走向社会。

"纵有连贯,横有拓展,纵横交错,构成体系,序列推进,螺旋上升,省省见成效,省省都育人。"贾建设认为,"三省教育"就是教育学生做好小事的教育。所以，他把油田十九中的校训提炼为"省吾身，成小事，善为人"。

"三省教育"带来了什么

董昱琦是油田十九中的一名普通学生。每天放学后，他就会提着大桶，拿着抹布、拖把，去打扫自家那栋楼的楼道。董昱琦说："在学校里做好'三省'，在家里也要做好'三省'，将来走向社会更要做好'三省'。看到变得整洁干净的楼道，我有一种成就感，感觉非常开心。"打扫楼道卫生，已经成了董昱琦的习惯。

董昱琦是油田十九中"三省教育"成效的一个缩影。"三省教育"使得油田十九中的校风校貌、班风学风发生了巨大的变化。校园没有随处可见的垃圾箱，没有清洁工，但无论是室内还是室外，寝室还是厕所，很难找到一片乱丢的废纸、一处痰迹。学生谈吐儒雅，举止文明。他们主动参加劳动，知道感恩父母。同学们有了是非观念，更有了责任感，校园里助人为乐、拾金不昧、爱护公物等文明行为蔚然成风。

正如有学生在"三省"日记中这样写道："如果你遇到一个品德高尚的人，他可能不是油田十九中的，但你遇到一个油田十九中的人，他的品德一定高尚，因为我们有'三省教育'。"

鉴于"三省教育"的成效，中国伦理学会德育专业委员会于2011年6月29日在油田十九中成立了"三省教育研究中心"。

原中央教科所德育研究中心主任，中国著名德育专家詹万生教授对"三省教育"予以高度评价，认为"三省教育"是良好行为习惯养成教育的实践导引，堪称整体构建校本和谐德育体系的典范，并欣然题词："选题好，立意深，弘扬传统美德；理念新，操作实，培养良好习惯。"

修复学习的欲望和快乐

作为省会最"牛"的学校之一,郑州市第一中学(以下简称郑州一中)的高升学率远近闻名。然而,在很多人看来,升学率高往往是因为具有生源质量好、教师业务素质高、财政投入给予倾斜这样的优势条件,再加上管理严、抓得紧而已。这样的"名校"的确存在,但以这种思维来想象郑州一中,势必会犯经验主义错误。

郑州一中的确拥有生源、师资和硬件等天然优势,但其核心竞争力不在此。该校多年来的教育实践让人看到了应试背景下真教育、真学校气脉的延续,真教育、真学校才是郑州一中的核心价值和魅力所在。

与很多校长一换就"另起炉灶"的学校不同,郑州一中的几任校长都较好地继承和发展了前任校长所坚持的好传统和价值观。校长朱丹是前任校长张时今的教学副校长,张时今则是其前任校长马自力的副手,并且无论是马自力还是张时今,都曾主持学校多年,直到退休。这种机制让郑州一中的文化始终沿着一个大方向前进,形成了高品质的教育生态。

这种高品质的教育生态可解读为六大要素:一是学生就是目的而不是手段的共享价值观,二是让人内生动力的管理文化,三是以学术为精神坐标的名师团队,四是以优秀为底色和追求的学生群体,五是以自由自主为灵魂的学习和活动体系,六是统一和个别相结合的"合餐分餐"

教学体系。

学校应是不一样的地方

在郑州一中新校区,最与众不同也最让人不可思议的是大门和主楼前没有任何装饰的高大水泥柱子,以致会让不了解的人误认为还没完工。

其实,这样的设计蕴涵着"教育即生长"的深刻道理,意在提醒学校管理者和教师不忘教育的本质。

《郑州一中青年教师读本》中有张时今和朱丹合写的一篇文章——《学校文化就是"爱"的文化》。该文较为系统地阐述了郑州一中的教育哲学:

> 教育的使命就是为学生生命成长提供最好的环境。什么是最好的环境?第一是自由的时间,第二是好的老师。
>
> 一切教育都是自我教育,一切学习都是自学。最好的教学效果不是在单位时间内传授了多少知识,而是把学生变成了"不可救药"的思想者、学者,不管今后从事什么职业,再也改不掉学习、思考、研究的习惯和爱好。
>
> 在教师这个职业中,人性是第一位的,知识和经验是第二位的,人性决定了教师的品位和工作效果。
>
> ……

郑州一中将这些理念落实在管理实践和教学行为中,并有了相应的积累和沉淀。比如,自习课堂是郑州一中的一大亮点和特色,每天下午和晚上共有5节自习课,学生在自由支配的时间里,更容易找到适合自己的学习方法,养成自学的习惯和品质。

在张时今和朱丹看来，和校园以外相比，学校应该是个不一样的地方。学校不能把对学生的管理混同于成人式的团队管理——批评和处分中的教育附加值越来越少；企图通过纪律的权威性，吓阻学生成长中的错误；把格杀勿论式的管理看成魄力的表现。学校不能像行政单位——喊豪言壮语，重形式走过场，制度苛刻，搞绩效主义，不注重教育能力，夸大经营能力，欣赏在社会中的左右逢源。如果学校忽视教育的本质，把教育仅仅变成满足功利目的的工具，甚至成为个人获取各种名利、地位的手段，那么教育就会失去存在的根基。

"牛师"图谱

郑州一中有相当一部分被学生称为"牛师"的教师，他们的专业生活状态，很容易让人联想到 20 世纪二三十年代南开中学和春晖中学的名师。

在郑州一中贴吧里，有一个半文言的贴子，对该校孙士放老师进行了精彩的描述：

> 吾师孙士放，身长约一米有八，高大威武，好穿墨绿、暗灰色服装，不知是否应称板寸的发型永远干净清爽地立在他那充满智慧的脑袋上。
>
> 初见吾师，首言便语出惊人："我的名字叫孙士放，这名很俗，当然人也很俗。"此后其经典语录如波涛汹涌而出，课堂每被笑浪淹没，有时连听课老师亦笑得花枝乱颤，几个大老爷们宛如戏台上化了妆的小姑娘——脸通红通红。幸亏吾师嗓门奇大有压倒一切之气势，吾班数学课堂得而完整保存矣！
>
> 一日板书一难题，全班作苦思冥想状，吾师三下五去二解答完

毕，思路之严谨、方法之简便绝倒众人，其立于讲台拈花微笑："同学们，就这样解出来了，一个字，是什么呢？——爽呀！""爽"字一出，其"笑傲讲台，唯我独尊，数学世界，舍我其谁"之霸气尽露无疑。除此一字真言外，吾师还有两字真经。一曰"小晕"：某次考试过后，"嗯，这次考试，有些同学失误太多，做题时是不是有点小晕呢？"一曰"舒服"："这道题，这样做，不是很舒服吗？"

学兄学姐提起他来只有一个字——"牛"。今生得遇吾师乐得整日陶陶然乎！某日听得一声长叹："好多搞数学的同学上了大学后反而不学数学了，也许是数学学烦了吧……"一句话听得我热血沸腾，如将来能力足够，定要选择数学系，以补吾师之遗憾也！

一位同学跟贴道："下学期俺要去文科班了，离开了士放令我万分不舍！希望更多学生遇到像士放一样的好老师！"

在学生眼中，叶玉昆老师是一个"风一样的男子"：他站在讲台上，"头微微扬着，眼微微眯着，似乎完全沉浸在经济与哲学中了"。一次正该上政治课时下雪了，同学们都尖声惊叫着冲到窗口去看。可叶老师呢，并没有发火，只是悠闲地、慢慢地走到窗前，轻轻地靠在那里，偏头去看外面的雪花。"哎呀，那个样子好潇洒啊！"

学生对物理教师曹颖的评价是："她不是在教你知识，不是在教你方法，而是从一个全新的高度来引导你理解物理内部的联系，这充满了哲学的意味。"

有学生对范廷贤老师的描述是，他的课是一种脑力的竞赛，让人有一种扬帆的快感，总觉得时间过得飞快。

职永吉老师的教学语言令每个上过他课的人都无法忘怀。其经典的"提溜上去都下不来了"曾令无数人在捧腹大笑中对有机化学产生了浓厚兴趣。

姜万明老师教物理，每节课只讲一道题，然后左发散，右发散，逆发散，愣是整出十几道题来，让人不得不佩服。

一位从某名校转入郑州一中的学生对两所学校的教学进行了对比：以前最不喜欢上的就是政治课，老师一味地说教，让人很不爽。而郑州一中的政治课，通常是让学生自己讨论问题，从美国的次贷危机折射出的问题，到中国承办奥运的影响，再到如何评价社会主义和资本主义，等等。老师要求每个同学都按自己的思考发表看法，而最后的总结性陈述也只是点拨性的，一般不给标准答案。

在郑州一中，有不少学生把老师的经典语录整理出来，放在论坛或博客里，称之为"想念某某老师专辑"：

我说随笔可以不交了，他还是交了，他不是个听话的好孩子，可是个好学的孩子，我很感动！

同学说：'我这一年过得像一句废话。'那我这一年不是给废话做注解吗？

做完的卷子就扔厕所里吧，但小心错题本别让人家偷了！

这次作业先自己检查做完没，然后同桌再相互检查，最后我检查，如果没做完就先自我批评，同桌再相互批评，最后接受我的批评。

这次考试70分以上是拔尖的，60分以上是成绩不错的，50分以上是有基础的，40分以上是有一定基础的，30分以下是有极大潜力的。

有3个同学作业没做完，但做过的部分很认真，所以对这3个同学提出不点名批评和表扬。

一位刚进入高三的同学这样写道："没想到那么多朝夕相伴的老师要

离我们了，岭岭、保军、秋平、老景、老曹……你们曾给过我们那么多快乐，很荣幸人生中有一段与你们共同走过……岭岭，全班同学的最爱；保军，我的英语是你力挽狂澜救回来的，我现在竟然能喜欢英语，能考到这个分数，这是我以前想都不敢想的；秋平，你总无微不至地关心我，像个大孩子，我们的大姐姐；老景，从你身上我知道真正的语文老师是什么样的，博学多才，气质潇洒……"

正是这些老师将郑州一中的风气与精神传递给学生，让他们在一个精神的王国中，充实而幸福地度过了在很多人看来是"黑色三年"的高中生活。这正如一位已从郑州一中毕业的学生所说："现在觉得高三那一年是我这20年里最幸福的。以前不理解一个学姐跟我讲高三没上够，现在理解了。"

管理文化

文化往往通过细节深刻地表现出来。一位学生家长讲述了一件关于该校寝室管理的小事："孩子进入郑州一中的第三天，时逢家长看望日，我在宿舍门口等孩子。寝管老师看到后便出来热情地跟我打招呼，问孩子是哪个房间的。我报了房间号，她马上说：'是东上铺的吧？放心吧，您的孩子很乖。'正惊讶她怎么会认识，却听她叫住一个刚要进楼的孩子，××，昨天考得怎么样……两个人小声说了几句，那孩子离开时她爱怜地轻拍了拍他的后背，然后，走过来对我说：'很勤奋的一个孩子，上次没考好，有些心理负担。'我还没来得及接话，她又叫住另一个孩子：'你感冒好些了吗？我刚给你煮了梨汤。'说着便拉着孩子进了值班室。我发现，她面带微笑跟每一个回宿舍的孩子打招呼，嘘寒问暖。我忍不住问：'您该不会知道每一个学生的名字吧？'她笑了：'住在这个楼里的孩子我都认识，在几班、叫什么名字基本知道。刚才那个孩子，家里经济条件不太好，他妈妈工作忙，孩子发烧也没时间来看，我就买了梨煮汤给他喝。我也是当妈的，谁的孩子不心疼啊！'"

郑州一中新校区主楼上悬挂着一副醒目的对联：爱校情结，爱国精神，爱的文化；善待学生，善待社会，善的事业。郑州一中与文化建设停留在口号或文本层面的学校是不是的确有些不同？

一位高三学生讲了这样一件事："一日晚自习结束，我与室友刚回到宿舍，隔壁的B同学就跟进来了，还没讲两句话，副校长也走进了房间。屋内的气氛立刻紧张起来，因为那个同学手里夹一支未点的香烟。我当时只有一个想法——这家伙这回死定了！因为如果同样的事发生在原来的学校，后果不堪设想。副校长看了眼B夹烟的手，又分别走到我和室友面前问我俩是否抽烟。我们说'不抽'。副校长转向B，以平静的口吻问：'你知道被动吸烟的危害比抽烟还大吗？'B说，知道。副校长又问：'你什么时候开始抽烟的，烟瘾大吗？'B说，上小学的时候，烟瘾很大。副校长说：'我的烟瘾也很大。'我们面面相觑，不知校长大人葫芦里卖的什么药。这位副校长接着说：'不过我能做到不在学校抽烟。我相信你也能够做到！如果开始觉得困难，至少你要能做到不在公共场合抽烟，比如不让你的这两个同学被动吸烟。'B点头答应，副校长迈步出门。我们一时惊愕，而后长舒一口气。"

这位高三学生说："校长是想告诉我们一个做人、处世的原则——自由的前提是不影响到他人。"

这样处理问题的方式，充满了教育智慧，体现了郑州一中"不能把对学生的管理混同于成人式的团队管理"的理念。

看不见的动力

郑州一中的一个班里流传着这样一个故事：一位新来的数学老师，

每逢下课铃声响起，总是夹着教案一溜烟儿跑着离开教室，大家都来不及问他问题。如是几次，几个学生决定——追，那天眼看要追上了，老师却跑进了离他最近的一个教室。凡事就怕有人惦记着，终于有几次这位老师没来得及逃脱。这时候他会很认真地听完学生的问题，然后笑笑说："等会儿再给你讲题，我先给你讲个故事。"老师讲的故事很感人，听得学生唏嘘不已，这时候，上课铃声响了。过了一两天，数学老师主动找到问问题的学生："上次你不是问我题吗？现在我给你讲吧。"

同学们感到"这里面有问题"，便一同找到数学老师，要求他"老实交代"。数学老师苦笑着说："那是因为有时你们问的问题当时我也解答不了，为了不让你们失望，我精心准备了一百多个感人故事给你们讲，争取时间，回去自己查找资料或跟其他老师研究，等弄明白了再给你们讲。做你们的老师，我容易吗?!"

郑州一中自习课多，学生有爱问问题的传统。这对教师的学习更是一种无形的鞭策。正如一位老师所说："学生问你问题，一次两次解答不到位，还可以理解，如果次数多了，学生就会认为你不行。自习课时，你教的学生来办公室问问题，就不会向你而是向你同教研组的同事请教，（这种现象时有发生）那一刻，谁面子上能过得去？"

除了学生外，郑州一中的教师，尤其是年轻教师和新调入教师，无形的压力的另一来源是同事。

"刚来一中的时候，生物教研组一共4名教师，他们三个都非常优秀，课很受学生欢迎。并且，我惊奇地发现上高中时一直崇拜的几位名师就在我们学校……所有的这些，都让我忐忑不安，甚至失眠了很长一段时间。"在郑州一中工作了8个年头的淡海彬老师说，"在我工作的前几年，晚上我从来没有在深夜一点前休息过。那时候，每到周末，除了偶尔回家，我都把自己关在宿舍中，不开灯，不出声响，唯恐别人知道我在屋子里。然后静下心来，备课、做题、看书，那时候一节课我都要备上两天到三天。现在，虽然我工作上小有建树，但在上每一节课的时候，还是有一种敬畏感。"

和严格管理的学校不同，郑州一中没有教师签到制度，没有教师在自习时间讲课的现象，没有教学上的条条框框，鼓励教师自主教学。教师没有有形压力。所以，与很多学校困惑于如何调动教师工作积极性不同，这一常见问题在郑州一中并不是问题。用教师的话说就是："郑州一中有一种看不见摸不着的东西在影响着你。"

朱丹说："让教师自由主动地工作、自由主动地学习，是我们教师管理追求的境界；唤醒自主意识、提高自主能力、强化自主精神，是我们学生管理的目标。"

考入北京大学的韩思蒙同学在一封信中这样评价母校："郑州一中会让你把学习变成习惯。虽然没有人强迫你做什么，虽然你有较多的自由支配的时间，但氛围就像一股有着巨大力量的旋涡，使你不由自主地卷入到学习中，让你感受到内心求知欲望的高涨。"

对此，有学生家长评价认为，郑州一中与众不同之处在于，能让孩子恢复学习的欲望和快乐。

坚守真实

"郑州一中很真实，我为此感到骄傲。"张睿喆同学认为，郑州一中的真实首先体现在课程设置上。郑州一中的课程表上除了其他学校有的文化课外还有劳动技能课、摄影课、舞蹈课以及每周一、三、五下午第四节的活动课。一些学校课程表上列的是一套，实际做的又是一套，但郑州一中绝不会这样，课程表上有的一定会开，开不了的课程就不会上课程表。

郑州一中的坚守真实还体现在招生上。"每年的中考前夕，我都有切身体会。有些学校安排老师扮成家长，走进开家长会的初中教室内，向你介绍某所学校如何如何好，你若到某所学校会给你一定的优惠条件，如提前给你签录取协议，保证免学费等诸多诱惑。"张睿喆认真地说，"而郑州一中则不然，老师会实事求是、语重心长地告诉你：学校有60年的历史，采取因材施教的教学方法，注重让学生自主学习。如果适合你，就到郑州一中来，我们欢迎你的到来。老师的语言非常朴实，我就是被朴实的语言所打动，毫不犹豫地选择了郑州一中。"

每年的5月份，郑州都有一场没有硝烟的中招大战。在这场每年一次的大战中，郑州一中往往是被动的。

第一次参加了中招咨询会后，王秋平老师感到了一种无奈。"初三学生的家长被谣言蒙蔽，在咨询时说：听说郑州一中的老师上完课就走人，学生整天没人管，只有好学生自觉学习（我们的自主精神培养竟被歪曲到如此地步）；听说郑州一中就竞赛好，理科好，学生英语都不行，文科也很差（如果文科差，为什么清华大学第一年在河南招收10名文科生，就单单来郑州一中宣传且给了3个自主招生名额呢）。中招咨询会变成了辟谣会。"王老师在博客中写道，"我们尊重初中孩子和家长的自主选择，欢迎大家积极报考，但是不会用各种手段强求，不会降低自己的人格去诋毁其他学校，不会去欺骗，不会去骚扰优秀学生的家长，不会威逼利诱，不会盲目许诺……作为郑州一中的老师，我们有点无奈。我从来不认为郑州一中是完美的，但是我在这里真的很快乐。郑州一中的学生对学校是挑剔的，但是我相信他们真心爱学校，不会后悔来到这里。"

郑州一中求真的文化在其学子的人格和精神上留下了深深的烙印，这正如马田园同学在郑州一中60年校庆征文中所说："你的学子只有不羁的才情，没有虚张的造作……当名利在你眼中变得苍白无力，重任让你的呼吸掷地有声。"

给学生留白

在郑州一中贴吧里,有一个"提到郑州一中你最先会想到什么?"的帖子,不少人的回答是自习课"超安静","和一些学校老师一走班里就乱成一锅粥形成了鲜明的对比"。

一位同学以自己的亲身经历对郑州一中的自习课进行了这样的描述:"刚刚来郑州一中时,确实为自习课数量之多而感到惊叹。高中的学习确实比初中要难了很多。即使是这样,郑州一中主要学科的周课时数远远比不上我就读的初中,但每节课含金量都很高。课时数的减少就意味着自习的增多。一般来讲,每天下午自习两节,晚自习两节(相当于普通自习三节),这几乎是雷打不动的。再加上收看《新闻联播》等基本上每天都有的'额外'自习课,自习时间之多确实是少见的。"

郑州一中的自习课禁止老师讲课,为的是让学生有足够的自主安排的时间以进行适合自己的学习。程度好的同学可以做自己喜欢做的有一定难度的课外作业,程度稍差的同学可以复习回顾当天老师课堂上讲的内容。

"自主精神"是郑州一中的立校之本。安排大量的自习课就是增加学生的学习自由度,解放学生的时间。对此,朱丹校长的解释是:"学习自由度越大,成才的层次越高,因为成才一定程度上是特长充分发展的结果。郑州一中的制胜法宝就在于'给老师留空闲,给学生留空白'。"

"郑州一中的自习课安静得连掉根针都能听见"已广为流传。这样的学习风气是如何形成的?这一让人困惑的问题在郑州一中很多老师和学生看来却不是问题。多数学生的感受是"好的学习氛围逼着自己上进","在郑州一中这所高手如云的学校,不进则退,想不学习都没人陪你玩"。

走在郑州一中的校园里,从擦肩而过的一张张青春的脸上,你看不到紧张。

"老师从不给我们施压,但学生内心都有压力。郑州一中是强人的聚合地,怎敢掉以轻心?就拿我的一位室友来说,无论多么繁重的学业,甚至在考试前,都不改一个习惯——每个月借满借阅卡上的3本书。没有人要求她这样做,她所看的那些哲学、评论、文学类书也与课业没有直接的联系,但她却乐在其中。与她聊天,可以感受到那种腹有诗书气自华的底蕴。"宋潇同学说,"和这些同伴在一起,我对学习有了更深刻的感知。学习并不只是上课认真听讲、做作业、学好课本,学习在自己、在平时、在态度。郑州一中有着浓郁的学习氛围,这里不愧为学习的圣堂。"

郑州一中给学生自由发展的空间,但不意味着学生就轻松。一位网名"钾肥猫"的同学在回答"郑州一中是不是管得很松"时这样说:"松和紧都不能用来简单形容郑州一中。上课的时候可以松到不用'请示'去上厕所,下课的时候可以紧到全班没有一人休息,全体在学习。郑州一中不会刻意给你定许多条条框框的东西,但是每一个人心中又都会有自我的行事标准,这才是真正约束一个人的东西!所以郑州一中既很严,又很松。"

贴子事件的背后

为学生提供相对自由的成长环境,很大程度上是郑州一中给自己提出的挑战。学生在这样的环境里管理起来并不容易。

郑州一中贴吧里出现过一个《关于朱丹》的贴子。朱丹时任郑州一中书记兼教学副校长。该贴对成立网管部、学生排练的《董卓与凤仪亭》没有通过节目筛选等问题以及针对朱丹本人发表了比较尖刻的看法和意见。

朱丹并没有调查发贴人是谁,也没有在学校会议上发怒,而是非常认真、平静地写了一则很长的回贴——《致〈关于朱丹〉的吧友》，和学生进行了深入、平等的交流。

> 感谢你的贴子，让我思考了很多问题。想和你及诸位交换一下意见。
>
> 思考一：关于网管的建议，我在学生干部会上是这样说的："成立网管部，不是要搞一言堂，也不是要你们做学校领导的传声筒，是要同学们听听青年精英的声音，对那些低俗的不文明言行、对鸡毛蒜皮的无聊事情，表明正确健康的观点，在同学之间形成优秀文化的互动。"
>
> 思考二：关于《董卓与凤仪亭》一剧落选，我首先代表社团活动指导室和指导教师表示歉意，有关人员应该在剧本编出后先拿出初步意见，避免浪费投入排练的时间。一台节目有一两个节目未入选，也算正常，即便主审者的意见值得商榷。否则大家都不愿割爱怎么能行呢？该剧落选不是同学们演得不好，而是同类剧情节目过多，且本剧格调不高的缘故。有些人说："恶搞有什么不好，能让我们放松就行。"我认为推进社团活动，营造社团文化，让你放松是小事，让你成长是目的。
>
> 思考三：我在一些不同场合说过"要通过学生在课程上自学、在生活上自理、在管理上自治落实培养学生自主精神"的教育理念，但自由比不自由给人的约束更大。在我看来，达到自由有三重门：第一重门是自律之门，第二重门是尊他之门，第三重门才是自由之门……
>
> 思考四：你说以后不要自己夸郑州一中，要让别人说。我觉得非常有道理，以后我会注意……
>
> 我想用6个字总结这封信——感谢、抱歉、交流。言犹未尽，能否和你见面畅谈？再见。

朱丹的诚意和民主得到了不少学生的回应和支持。最初发贴的学生在回贴中说:"我真没想到会有这样的结果……对于我言论中一些不妥当的地方表示歉意……但我想和您交流……"

在郑州一中,学生很大程度上能真正感到自己是学校的主人。"定期向非社团成员学生开放天文台""寝室旁的空地可以种花草,由各班负责""适当推迟熄灯时间""宿舍楼6楼热水器水烧不开"……这是校政对话日上,各班学生代表提出的建议和意见。通过每期一次的校政对话日和教学恳谈会,学生可以自主表达对学校工作的看法和建议。

自主精神的多元养育

唤醒自主意识,提高自主能力,强化自主精神,是郑州一中的核心教育理念。

郑州一中的学生会没有宣传部和组织部,而设有纪律卫生部、校园文化部、学习部、寝管部、伙管部等5个部门。其中,小记者站、广播站和各社团属校园文化部。郑州一中学生会的宗旨是,在自主精神指导下为学生服务。

学生会大选在郑州一中是很轰动的大事。学生会新成员不仅要填写统一的报名表,还要提交论文,围绕工作构想展开论述,并分析本人的优势和特长。论文评定合格者可以参加面试。面试内容包括一分钟自由发言、抽题答辩、评委现场提问答辩。面试内容和评委会人选由学生会部长例会决定。

宋潇初中时性格比较内向,来到郑州一中,尤其是参加了学生会大选后,口才和自信心提升了一个层次,就像换了一个人。"大选的场景我永生难忘。"宋潇说。

在郑州一中,只要你有某方面的特长,并且愿意组织参加相应的活动，就可以向学生会社团文化部申请，成立相应的社团。心泉文学社、心舞社团、心雨人文社、心韵诗社、心绘画社、心声剧社、心弈棋社、心乐团、爱心协会……目前，郑州一中共有15个学生社团，每个社团都有丰富多彩的活动。

比如，郑州一中新校区爱心协会联合老校区学生会和郑州一中家长交流群，为初三学生举办了中考爱心讲座。6名在中考中成绩优秀的同学通过鲜活的例子，为初三同学详细讲解了各类学习方法、记忆方法、做题方法、心理调节等，并与同学们展开互动……

郑州碧沙岗公园里，一棵大松树下，摆上乐器，拉好横幅，郑州一中心乐团就开始了演出。没有亲友团捧场，他们就拿着喇叭到处召集观众。演出中，闪光灯不断，掌声频起，萨克斯、小提琴轮番上阵。一位从邓州来游玩的老先生听罢演奏，颇有感触地写下两首诗赠予心乐团。"演出进行了一个半小时才结束，这是我们没有预料到的。高中三年，一闪即逝，唯有这些经历会化为永恒的回忆。"心乐团团长在总结中写道，"开心与欣慰都不足以表达我们的心情，更多的是感激和感动。感谢郑州一中自由的氛围给了我们发展的空间，感谢社团指导室老师一直以来的帮助……"

学校艺术节期间，除参与全校的集体会演外，心声剧社的演员们还带着自己编排的节目，每天下午进入班级为同学们演出，众多粉丝一路追捧，盛况非凡。

郑州一中前任校长张时今曾说："让学生在活动中提升精神品位，让学生在活动中萌生理想，让学生在活动中懂得做人，让学生在活动中缓解学习的紧张和压力。娱乐之中看品位，娱乐之中养精神。"

郑州一中"自主精神"的教育理念和当代大学精神有着很大的相通之处，学生到大学后适应快，深受高校好评。目前，郑州一中成了河南省考生最受著名高校青睐的学校之一。香港科技大学、香港中文大学等近几年也频频邀请郑州一中前往参观、考察，并在郑州一中举行招生说明会。

"合餐分餐"教学体系

在"增加学生自由度"这一思想的指导下,很多年前,课程选修就成了郑州一中教学体系的重要组成部分。

ST教学体系是郑州一中的办学特色。ST是英文Separately+Together的缩写,即个别和统一相结合的教学方式,包含学科奥赛、研究性学习、讲座课程、分层次教学、选修教学5个版块。

在郑州一中,在教育部规定的学科课时总量不变的前提下,大部分课采取在本班同步学习的形式,小部分由学生自己决定,想听哪个学科的课就走进哪个课堂。该校在一年级开设了三类选修:一是部分必修科目学习时间的开放选修,每周五为选修日。在这一天里,学生可在语文、数学、英语、物理等同学科教师之间任意选修,学生进行选择性听课,以充分利用开发优秀教师资源,形成良性互动的竞争氛围。二是兴趣特长科目选修。为了满足对非竞赛班学生参加竞赛的需求,数学、物理、化学、生物、计算机每周两次进行学科竞赛辅导。三是导师选修。在同年级不同学科教师之间任意选修,学生进行选择性听课,以满足学生根据自身的发展,对学科学习时间做出调整。三类选修分别侧重学生对学习时间的自主把握、对特长爱好的自主发展、对教师资源的自主选择。

郑州一中讲座课程的兼职教师,既有科技界的院士,也有文学界的著名作家;既有法学教授,又有军事专家;既有商界精英,又有杰出运动员……

一中精神坐标下的学子样本

深冬时节的郑州一中学生宿舍某床位。床上只铺了一条红花粗布小褥子，也就两三层布的厚度，上面是一条很薄的蓝花粗布被子。这么冷的天，被子这么薄，能睡吗？一定是特困生吧？如果你这样猜测，那你又犯了经验主义错误。

这张床铺的主人叫苑喆，家里可不贫困，他的手机几千元，望远镜上万元，弄成这样是"为了磨炼自己的意志"。苑喆爱好天文，自己组建了个天文社，还起草了上万字的章程，曾两次给学校师生开天文讲座。高一、高二时，苑喆每周日下午必去敬老院或福利院做义工。因为英语早过了六级，上英语课他时常抱着天文方面的书研读，而英语老师从不干涉，因为苑喆和老师认真谈过。

苑喆和省内外的不少天文爱好者保持着密切联系，有时会请假独自飞到外地参加活动或与天文爱好者见面，有一次还请了一周的假和来自全国的天文爱好者一起赴甘肃观看日全食。他爱好天文，但将来却希望研究数学。苑喆爱好广泛，跟人打交道的能力很强。他通过网络认识了国外好几所大学的教授；从甘肃回郑州的路上还和几位荷兰人成了朋友，并把他们带回家里做客；前不久又通过网络认识了香港大学的招生老师……苑喆还参加了SAT，并得到了美国一所大学的录取通知。

苑喆对郑州一中感情深厚。他说，当初他之所以选择了郑州一中而不是其他名牌高中，看重的就是郑州一中给学生的自由。他说，像他这样的学生在郑州一中很多，学校和老师对他们很支持，没有郑州一中这样的环境，就没有今天的他。

还有一个学生姓崔名鹏飞，该生最大的特点是自信，常以"帅爷"自称。据说，以帅爷的实力，考北大清华虽仍需努力，但正常发挥上人大是不成问题的。"我帅爷是谁，那可是未来要影响世界的人，剑桥和帅爷，那才叫般配。"除了自信，帅爷还很幽默。他常跟同学叨叨的就是："帅爷将来是要开跨国公司的，赶明儿你大学毕业，帅爷让你当我公司的保洁部经理，那可是公司的核心部门啊。"

后来，帅爷拿到了赴英国的签证，他决定借班会时间跟大家来个集体告别。帅爷特意准备了一些小礼物，以抽签的形式送给了同学。告别仪式结束时，有同学冲他喊：留个联系方式吧。帅爷说："不必了，十年之后全世界都会知道帅爷，还怕找不到我？"

苑喆和崔鹏飞只是郑州一中众多优秀学生的代表，该校校报专门有个"学子"版，记录描述更多的优秀学子……

因为生活或曾经生活在郑州一中这个注重精神的王国中，很多学生都对母校充满了深厚的感情。

一位学生在谈到"为什么喜欢郑州一中而不喜欢初中就读的学校"时说，郑州一中没有歧视。初中时班上学习好的同学不跟成绩不好的同学一起玩，更别说成为朋友了。而在郑州一中没有这种现象，极少有同学问别人的考试成绩。

这位学生的家长对郑州一中充满感激："都说高中的生活如同炼狱，但看着孩子一次次满心欢喜地去学校，我从内心感激郑州一中给了孩子快乐的高中生活，这是我以前从不敢有的奢望。"

王若曦同学的手机里一直保存着几张不太清楚的照片。那是一次大扫除，要去清理的是废弃的教学楼，那楼很偏也很安静，窗台落满了灰尘。当推开门时，所有人都沉默了——四周的墙壁，包括天花板和每一个角落，满满的都是曾经的学生留下的痕迹："高三毕业了，就要离开了，后来的你们要加油啊！""竞赛很苦也很累，如果你们也选择了，一定要坚持下去。坚持到最后就没有后悔了。""学弟学妹，来到郑州一中要接受的不只是羡慕，还有考验……"

"我们看着那些充满鼓励的话语，看着那画的大大的史努比和调皮的鬼脸，心中有一种别样的感动。在离校之前的他们，也许是想用自己的方式，为母校，为学弟学妹们留下最后一点回忆吧。那是独属于郑州一中学子的方式。那天的任务是用砂纸打磨墙壁，我在打磨前把这些暖心的痕迹拍了下来。很遗憾我不知道他们中任何一位的名字，但那份感动和温暖，我知道来自郑州一中。"王若曦动情地说。

已经从郑州一中毕业的学生对母校也是心怀感激，希望为学弟学妹做一些事情，从一份"母校回访活动调查问卷"中可见一斑：

同学您好！非常感谢您在紧张而忙碌的复习中抽出时间填写这份问卷。我们是毕业于郑州一中的浙江大学2008级学兄学姐。我们曾和你们一样奋斗在高考第一线。今天，我们希望能用亲身经历给你们一些帮助。我们将于元月下旬和其他一些大学的同学一起回访母校，与高三的你们沟通交流，为你们答疑解惑。为了使我们更好地了解你们目前的学习生活情况，请认真回答下列问题，你的回答将决定本次交流活动的主要内容。

距高考还有半年时间，现在的你处于怎样的心理状态？A. 一步一个脚印认真备战；B. 已经准备充分，高考你快来吧；C. 复习时间不够了，祈祷高考推迟；D. 压力好大啊，不能全身心投入复习。

你对未来发展的目标和职业规划想过多少？A. 比较认真地想过；B. 有过想法，但不深入；C. 考上大学再说；D. 希望了解。

2008届学兄学姐们即将返校为你们答疑解惑，你希望他们带给你什么？

……

一所好学校可以让自己的风气成为每一个学生身上的气质，可以将自己的精神融入每一个学生的血液中。每个学生身上都会带有学校文化的烙印，甚至伴随终生。真诚、向上、负责、自信、专注、幽默，也许就是郑州一中留给学生的文化烙印。

一所靠精神站立起来的学校

新安县第二高中（以下简称新安二高）是一所靠精神站立的学校。

地处老城，面积狭小，二流生源，1999年经历了学生、教师、资金都分出一半的"分校之痛"，2004年经历了骨干教师流失20多人的"流失之痛"……这些都没有阻碍新安二高从"因分校而导致后退十年"的薄弱高中到区域品牌高中的蝶变。

这一蝶变的根本原因可以归结为五个字——学校文化力。新安二高的学校文化力至少有五根支柱。

支柱一：校长的精神影响力

林保健校长是新安二高的灵魂人物。每每在学校发展的关键点，他必定会用自己的思想、智慧、信心、激情来引领和感染师生实现新的跨越。

因为办学条件和生源相对落后，"办学条件决定论""生源决定论"的思想曾一度束缚着新安二高的部分领导和教师，制约着学校的发展。

在这样的背景下，校长林保健身体力行，提出了"不讲条件，不论生源，自加压力，深入挖潜，顽强拼搏，追求卓越"的口号和要求。他在全体教师会上说:"在一定阶段内,我们所面对的学生是不能改变的,所面对的教学条件也不会有很大变化,能够改变的就是我们的工作态度和工作方法;如果谁老是在办学条件和学生基础上发牢骚,就是给自己、别人消极的心理暗示,就是败坏自己、败坏别人、败坏学校。"

在这种舆论的引领下,越来越多的教师停止了对客观条件的抱怨,开始在工作中找差距,研究如何改进、如何挖掘学生潜力。"不讲条件,不论生源,自加压力,深入挖潜,顽强拼搏,追求卓越"逐渐变成一种观念、一种思想方法、一种言行准则,融入了教师的心灵深处,进而成了新安二高的"学校精神"。

林保健用思想领导学校的方式主要有三种:集体讲话、写文章或写信、个别谈心。

《18岁的拼搏与40岁的辉煌》《学会感激,使自己成为真正的人》《将鼓劲的口号喊给自己——在高二年级升国旗仪式上的讲话》《女儿当自强——给全体女生的一封公开信》《老师也需要原谅——写给二(6)班全体同学》《给自己创造一个昂扬奋发的学习环境——给三(2)班同学的公开信》……林校长的讲话、文章和信,传递了他的思想、人格、追求、激情、信心……既是他引领和感染师生的手段,又是新安二高文化的载体。

支柱二:共享价值观的渗透力

在学校精神的引领下,新安二高确立了"通过提高学生的综合素质来提高教学质量"的办学思想。

林保健在一篇文章中这样写道:"长期以来,有些人一谈到素质教育就要痛骂高考,好像高考是实施素质教育的大敌,如果高考不取消,素质教育就无法实施。某年,南京市高考成绩下降,老百姓一片骂声,于是有人出来解释,说这是'素质教育之痛',意思是因为南京市推行了素质教育,才导致了高考成绩的下滑。这是一个错误认识。影响了高考成绩的素质教育是伪素质教育,实施素质教育并不会影响高考,真正的素质教育应该是能够提高高考成绩的。"

在他看来,高考的竞争绝对不仅仅是智力上的竞争,学生的学习成绩与其思想品质、道德情操、意志毅力、行为习惯、思想方式、价值观念、为人处事等因素密切相关。这些因素是一个人素质的最重要方面,同时也是制约学生成绩的关键因素。没有生源优势,不提高学生的综合素质,单单着眼于学生学习成绩的提高,是根本不行的。

在这种办学思想的指导下,新安二高的教育教学工作首先着眼于学生综合素质的提高。从思想品质、道德观念、价值取向、法制意识、行为习惯、口头语言、人际交往、心理素质等方面进行引导,培养健全人格,促进健康发展,进而提高教学质量。这是新安二高最核心的办学思想,也是该校领导和教师共享的价值观之一。

新安二高大门两边的墙上有两块竖排标语,东边是"图安逸请到别处",西边是"怕吃苦莫进此门"。以此积极引导学生磨砺自己的意志。

按照素质教育的办学思想,新安二高实行学生学业成绩增值评价,给后进生以受到表扬的机会;要求学生按时就寝,保证每天睡眠时间不少于8小时;除体育课外,给学生安排了早操和上午、下午的课间操,保证学生每天有1小时以上的体育锻炼时间。

志存高远,自画蛋始,在字字句句上打基础;行效众贤,从扫屋起,于点点滴滴中铸灵魂。这副对联是林保健校长和前任校长郭锦堂共同作的,也是新安二高教育思想的一种反映,与"励志成才,荣家报国""完善自我,追求卓越"的校训一脉相承。

新安二高提出,完善自我就是从不断改掉自己的小毛病开始,就是从不说脏话、不随地吐痰、不乱倒污水、不乱扔果皮纸屑、就寝不说话、考试不作弊、自习能安静、对人讲礼貌、吃饭自觉排队、值日积极主动、开门不用脚蹬等日常生活小事做起，形成良好习惯，保持文明高雅的言行举止。

"这些正是素质教育的基础内容，这些问题不解决，学生就不可能追求卓越，就不可能励志成才，荣家报国。"班主任王喜特说，"在素质教育的旗帜下，学生的文明程度越来越高，自律意识越来越强，好学上进的风气越来越浓，管理难度越来越小，每学期的开学报到时间只有半天，上午报到，下午上课。一开学就正规，没有过渡期。"

支柱三：德育创新的发展力

当前，学校工作最薄弱的是德育，最难做的是德育，但在提高学生素质、推动学校发展上，最有力的武器也是德育。基于对德育的这种认识，新安二高提出了"提升地位，降低起点，创新形式，注重实效"的德育原则。

感恩教育、理想教育、责任教育，是新安二高根据高中生发展的客观需求精心策划的活动，每年重点开展一项。班会是德育活动的主阵地之一。很多同学因此有了难忘的班会。

一位同学说，高二的一次班会上，班主任讲述了他一路走来的辛酸。班主任的父亲因矿难而去世，让本来已贫寒的家庭失去了顶梁柱，他勇敢地站了起来，用稚嫩的双肩扛起了家庭的重担，背负着全家人的希望刻苦学习……老师讲述时，同学们都禁不住泪流满面。大家用笔记下老师的板书："红颜易老，此世当有所为；知音难觅，不可伤及友亲。"大家都知道这句话的分量，它启示我们要有感恩的心，对生活感恩，对爱我们的亲人感恩；人生在世须有所为，干出一番轰轰烈烈的事业，荣家报国。

你的父母分别从事什么工作？家庭收入主要来自什么？你的家庭每年的收入是多少？你的家庭每年的支出有多少？支出的主要项目有哪些？你每年吃、穿、用、玩、学费、书本费等方面的消费有多少？占家庭总支出的百分之几？你有无当面说过感谢父母的话？你有无做过感谢父母的事？现在，你最想对父母说的话是……

这是该校学生及家庭情况调查问卷的部分内容，更是该校感恩教育的活动之一。

每年春节放假前，新安二高的学生都要给父母写一封感恩信，父母读后还要给孩子写回信。

张晨阳在给父母的感恩信中这样写道："每天睡觉前，脑海中就会浮现出爸妈辛苦操劳的影像：爸爸手中的方向盘，后视镜里黝黑而有皱纹的脸，妈妈披星戴月地努力工作……心疼之后，我会又一次在心中告诉自己：一定要将大学的录取通知书放在二老的面前……你们渐渐老去，儿子渐渐长大，唯有你们对我的爱和我对你们的感激之心不变……"

新安二高感恩教育、理想教育、责任教育的活动还有很多，例如：

一、设计倡议活动：以林校长在《假若杨丽娟噩梦醒来》中提出的"18岁的拼搏和40岁的辉煌因果相连，不要让18岁的青春留下悔恨"为倡议内容，设计倡议活动。

二、开展征文活动：语文组组织开展了以"让18岁的青春无悔恨"为主题的征文比赛，评出优秀作品100份。

三、进行人生设计自查：印发"让18岁的青春无悔恨人生设计自查表"，督促、引导同学为自己设计人生规划。

四、举行主题演讲比赛。

……

"二高不能白来,汗水不能白流,青春拒绝荒废,成功一定带走……"新安二高学生每天都要通过这样的宣誓为自己加油。

感恩教育、理想教育、责任教育等,让多数学生的努力变得自觉、自动和自发。这正如韩宗玉同学所说:"新安二高给我了三样弥足珍贵的东西。一是感恩:感恩父母、感恩老师、感恩朋友、感恩社会,学会做人。二是激情:用一句话描述就是,两眼一睁,开始竞争。三是壮志雄心:我们宿舍10位同学,都对自己的未来有明确的目标和规划,并坚信我们能够做到。"

支柱四:团队考核的推动力

进行团队考核,克服单打独斗,发挥集体智慧,提升教育教学质量,是新安二高的一大特色。

在新安二高,教师教学成绩不是按学科进行考核的,而是看一个教学班几名任课教师的教学对学生发展提升所产生的整体效果。具体说就是看一个班各科总分的高低,以及在全县、全市各个层次的学生分布情况。

很明显,该学校原来考核单科成绩时,各个学科的教师各自为战,互不沟通,争着抢占时间,滥发练习,导致习题泛滥。个别教师甚至贬低其他学科,借以引起学生对自己所教学科的重视。教师只关注学生在自己所教学科学习的情况,不关心学生的心理和各种思想问题,导致学生的学习处于一种非常被动的忙乱状态。考核班级整体成绩时,同一个班的所有科任教师马上变成了一个利益共同体,一损俱损,一荣俱荣。

"一个学科考得再好,其他学科没考好,学生的总分上不去也白搭;一个学科没考好,其他学科考得很好,这个学科的教师会因为自己拖了别人的后退而内疚。"陈高峰老师说,"为了保证整体考出好成绩,我们班半个月就要召开一次科任教师协调会，交流各科教学情况，研究学生学习状态，研究如何共同营造班级学习氛围，研究对个别问题学生的引导教育。各科教师形成了一个团结战斗的集体。"

团队考核除体现在教学班层面外，还体现在备课组层面。

在新安二高，高考或统考后，单科考试成绩在全县和全市的位次提升了，该备课组就会受到表扬和奖励，位次下降，该备课组就需要总结和反思。

"我的教学成绩要想得到承认，就必须保证整个备课组的成绩能够提高，否则我的努力就得不到肯定；要保证整个备课组的成绩提高，就不能只关注自己的教学，还必须团结全组其他教师共同努力；不仅要关注全组成员的工作状态，而且还要关注大家的教学方法。"王喜特老师说。

这样一来，整个备课组和以前相比发生了质的变化：备课组内的教师不再是相互比较、相互竞争的对手，而是团结协作、同舟共济的战斗集体。备课组的研究氛围浓厚了，凝聚力增强了，团队精神形成了，教师的集体智慧得到了充分发挥。

对学生进行的团队考核主要是以寝室为单位展开的。在新安二高，每个学生宿舍的名字都不是数字的组合，而是一些响亮的名字：大鹏阁、志士屋、潜龙居、感恩斋……这些昂扬向上的宿舍名字都是该宿舍的学生自己起的。

按照学校要求，每个寝室的每一个成员都要制订人生规划和阶段奋斗目标，包括人生目标、高考目标、学年目标、学期目标等，一式两份，一份贴在寝室，一份并交班主任保存。各寝室要制订宿舍宣言和公约，作为大家相互激励和相互约束的一种措施，在全班公布。

学校定期对寝室文化建设情况进行考核评比。评比结果要在教室公布，优秀的用红旗标出，有问题的用黄旗标出。每次考试结束，都以寝室为单位进行总结表彰，寝室成员都有进步的评为标兵寝室，大多数成员进步的评为模范寝室，进步人数少的寝室要受到警示。

"谁偷懒马上就会得到大家的提醒，谁放纵马上就会得到大家的批评；谁心里有苦恼马上就能得到大家的开导，谁情绪低落马上就能得到大家的鼓励。晚上睡觉前的时间，是大家的小型拼搏进取鼓劲会、学习方法交流会、错误行为批评会、心理迷雾疏导会、健康新闻发布会。整个寝室里形成一种氛围，人人积极上进，个个奋勇争先，所有人都对自己负责，对家庭负责，对寝室负责。"副校长张俊峰说。

支柱五：增值评价的促进力

实行学业增值评价，引导学生看淡分数，看重刻苦努力，看重自我完善，让每个学生都受到鼓励，是新安二高学校管理的一项创新。

在新安二高，考试分数高的学生并不一定会受表彰，因为学校不是看学生实际所得分数的高低，而是看学生是否有进步、是否超越了自我或他人来进行表彰和鼓励的。

鉴于一个教学班学生群体比较小的情况，新安二高把比较的范围放大到整个年级段，或者全县，高三年级甚至放大到整个洛阳市。"比较群体的放大，使努力追赶的后进生更容易看到自己的进步。"张俊峰说，"考后总结时，我们主要表扬进步的学生，只要他超越了自我，就值得表扬。"

增值评价让后进生受到了鼓励，树立了信心，学习有了劲头；让成绩好的学生受到警示，不敢骄傲懈怠，从而下决心在更大的范围内实现超越；让教师自觉地把关注的焦点从成绩好的学生身上，转移到全体学生身上，因为学校评价的是进步学生人数的多少。学习是否努力，表现是否积极向上，成了学生自我评价的标尺，学生的思想负担大大减轻。

新安二高的成功是学校文化力的成功。学校高考本科上线人数连年持续增长。作为一所二类生源高中,新安二高本科上线率超越了一些一类生源高中。

新安二高的变革实践为学校文化力做出了完美的注解:教师、学生可以离开校园,但永远离不去的,是学校精神;永远忘不掉的,是学校文化;永远发挥作用的,是学校文化力!

许衡中学领创了什么

没有补课,没有题海战,没有坐班制,不分重点班,不检查教案;学生每天都可以上网,每天都可以去图书馆,每天必看新闻联播,甚至还可以不做老师布置的作业……然而,2002年建校的焦作市许衡中学用多项升学指标连年全市第一的事实缔造了一个教育的神话。

无私奉献也得受处罚

"没有成绩,过不了今天;只有成绩,过不了明天。"

这是焦作市许衡中学对教学成绩的理解,也是许衡中学在现代教育竞争日趋激烈的背景下,对学校生存状况的理解。

正是基于这种理解,许衡中学从成立到现在一直有这样几条规定:自习课不允许教师进班讲课;按时下课和放学,不允许拖堂;课余时间和节假日不许加班给学生补课;每天的作业不能超过学校规定的作业量,违者罚款并全校通报。

这些规定刚开始实行时全校哗然,教师们普遍不理解:我们义务补课、无私奉献有什么错?学校不要教学质量靠什么生存?

对此,校长张璧宏说,学校靠教学质量生存没有错,但是教师通过加班加点补课提高成绩有错。错误有三：其一，断了学生进步的后劲。在教师的死看硬守之下，学生身陷题海，没了兴趣和效率，损害了身心健康，甚至最终会丧失学习的能力。其二，耽误了教师提高的机会。许衡中学的教师只有不断学习和研究，提高教学水平，才能满足工作岗位的需要，而通过大量简单劳动提高成绩的做法，使教师在疲于奔命的同时，不学习不研究，安于平庸，长此以往，教师的教学水平和管理能力会落伍，会害了教师自己。其三，断送了学校发展的前景。许衡中学要发展，"轻负担、高质量"的教学特色是金字招牌，没了招牌，就没了学校的长远发展。所以，无私奉献也得受处罚。

每个学校都面临着竞争和选择，在竞争和选择面前，许多学校都选择了不愿走却不敢不走的路：迎合社会和家长的期望，以提高升学率为目标，舍弃一切抓成绩。

但张璧宏校长有一个美丽的梦想：希望教师都能教得轻松自如，学生都能学得开心愉快，学校能成为教师工作和学生学习的乐园，能成为师生一起成长的摇篮。他非常清楚，走应试教育的老路是不可能实现这个梦想的。

大力推行素质教育，道理很简单，但做起来却很难，在如火如荼的升学竞争面前，有哪所学校敢不顾及眼前的利益？一所新学校，摸着石头过河，按照教育规律办事，搞素质教育，说得再好听，没有升学成绩，学校办砸了谁能负起责任？

然而，许衡中学的决策者面对众多疑虑的目光，却铁下心来要走自己的路。在学校成立大会上，张璧宏校长关于办学道路的论述掷地有声：一条只追升学率的路在眼前看来可能会更保险些，但是它违反了教育规律。并且和其他学校相比，我们在这条路上没有任何优势可言，走下去势必是一条绝路，不仅摧残了我们自己，而且要误人子弟。因此，我们绝对不能走。而素质教育的路走下去要费精力，冒风险，但是，这是真正的育人之道，是应该走的正道，我们应当坚定不移地走下去。

教师不读书就补考

"希望自己的孩子遇到什么样的教师，你自己就首先要成为这样的教师。"这话出自张璧宏之口。

教书而不读书，很大程度上是中国基础教育领域既尴尬又无奈的现实之一。教师不读书的背后是校长不读书，甚至没有让教师读书的意识。

读书是让教师修炼内功，是为了厚积薄发。想让教师多读书，校长首先要读书。这是张璧宏校长的理解和认识。

读书、买书，是张璧宏最大的嗜好。每次出差学习，张校长去的最多的地方是书店，买的最多的是书籍。正因读书多，他和魏书生、李镇西、傅东缨等教育专家结下了不解之缘，家里摆满了一系列教育教学专著。

改变教师长期以来形成的工作方式是困难的，所以，有时矫枉过正是必要的。教师读书在许衡中学一开始就是强制性的，读书是教师必须完成的硬性工作。为了落实教师的读书学习，学校一方面想方设法为教师们购买了大量教育类图书、教育报刊，另一方面，出台了"许衡中学教师读书制度"，明确规定：许衡中学教师每学期最少读两本教育类专著，学期初，学校为教师统一选书，制定读书计划，学期末学校组织统一验收考试，考试成绩和教师的考核业绩挂钩。刚开始的时候，张校长对检查教师是否读书有自己的"绝招"——发给教师的必读书收上来以后，他要一本一本看，看老师有没有批注，有没有划重点。凡是被"怀疑"应付的教师，就要参加关于这本书内容的"考试"。就这样，许衡中学的教师不管愿意不愿意，被逼着读了一本又一本的教育专著。现在许衡中学的教师们仍然都在读书，但是已经不需要强迫了，读书已经成为多数教师的日常工作的组成部分，成为一种主动需要。

通过学习，教师从尘封的经验中走出来，用新的教育思想和理念武装了自己，跟上了教育新形势的要求，很快转型，成为素质教育中的佼佼者。

王翠老师，从教几十年了，在原学校教学成绩非常突出，被许衡中学选拔来的时候，心理有很大压力，年龄大了，还能像年轻时候那样和其他人一样拼精力、拼时间吗？但是，从不服输的性格和对教育的热爱让她工作不敢有丝毫懈怠，仍然硬撑着早出晚归，加班加点工作，但教学效果却不明显。校长找她谈话，让她减负，王老师不服气，感到很委屈，发脾气说：我搞了半辈子教育，到了许衡中学就不会当教师了？张校长说：年纪大了，拼精力、拼时间不是你的强项，那就拼经验、拼效率。多看看书，你就会想明白的。读了书，明了理，王老师工作轻松了，成绩却上去了。因为工作成绩突出，王老师还获得了焦作市十大"功勋教师"的称号。王老师说："当了半辈子教师，现在才真正干出滋味。"

除了读书，学校还经常聘请名家为老师们做报告。张璧宏校长说，许衡中学要为教师成长搭建最好的平台，要多出名师，要出教育家。李镇西、傅东缨等专家都先后在许衡中学做过报告。每一次报告，对广大师生来说，都是一次心灵的震撼。

观念更新天地宽，许衡中学打造出了一支富有战斗力的教师队伍。张玉玲老师被誉为许衡中学的"铁补丁"，哪个班难治理，哪个班教学质量有差距，学校领导首先想到的是让她上。她能在短时间内让"困难班"步入良性轨道，取得优异成绩。这让张玉玲老师荣获全市"十佳班主任"。崔丽老师被誉为"学生人生征途中的发动机"。她所带班的学生全面发展。校篮球队、足球队和排球队的主力队员大多是她班上的学生。她所教的班学生学习情绪饱满，上进心强。

而更为难得的是，一大批年轻教师快速成长起来，成为学校的骨干力量。

对坐班制说"不"

"不补课,不检查教案,并不是不要升学成绩,而是为了更好地要升学成绩。"张璧宏说。

在升学压力面前,很多学校为了提高升学率,都分了重点班。"这样做的负面作用是,不仅把学生分成了三六九等,也把教师的积极性降低了。分到非重点班的教师看不到希望,失去了动力;分到重点班的教师在本校减少了竞争的机会,没有了压力。"

正是认识到了这种负面作用,许衡中学从建校第一天起,就一直坚持平行分班,学校的优秀教师很多,但是在工作上从不设把关教师,只要能胜任工作,所有教师都采用大循环的方式担课。而且,在分班的时候严格按照入学成绩把学生均衡分开,在配备教师的时候想方设法让经验丰富的教师和经验欠缺的教师搭伴,让成绩优秀的教师带着成绩尚需提高的教师工作。学校这样挖空心思搞均衡的目的是什么?张璧宏校长的考虑是:给教师们创造公平竞争的机会,让压力与动力成为教师进步最好的催化剂,把施展才能的机会送给每一位教师。每年新生入校,许衡中学教导处最重要的工作有两项:一是确保学生分班均衡。二是确保各班师资力量搭配均衡。

作为焦作市的一所名校,许衡中学对教师管理的有些方面"松"得让人难以相信,甚至有些方面让人觉得"不合规矩":学校不实行坐班制,教师有事,请假就准。学校甚至不检查教师的教案和听课笔记……

对于这些规定,学校的解释是:工作靠纪律,更靠教师的自觉性和积极性。教师坐班制度、检查教案和听课笔记等,这些僵化的管理模式在许衡中学不适用,不利于调动教师的工作积极性。

许衡中学吸取一些学校教师抄教案、补教案的经验教训,不硬性规定教师必须写多少教案，而是通过集体备课和教师互相听课、评课督促教师备好课、上好课。

为了提高教师的备课质量，许衡中学推行"集体说课、分散备课、网络管理"的集体备课制度：教师提前一周备课，每周一下午第三节为教师集体备课时间，教研组长组织教师集体说课，然后根据集体备课内容，教师准备个人教案。许衡中学的集体说课通常采用专题讨论、中心发言、研究课三种方式，每周的集体备课记录和教师个人教案都要在规定的时间里上传到校园网上，教导处定期检查，教师们可以随时上网查阅和学习。同时，学校通过听课和随堂检测对备课的效果进行跟踪考核。

重建教学指挥棒

在许衡中学教学评价体系论证会上，张璧宏校长给全体与会人员讲了斯卡金在《现代教学论》中的一个经典案例：有一个急救站把病人在急救站的死亡率作为评价医生工作好坏的标准，于是出现了这样的情况——病人上急救车后，医生如果看到病人必死无疑，就让急救车绕道走，使病人死在路上，而千万不要死在急救站里。

张校长认为，教学评价工作同样如此，作为教学工作的指挥棒，科学合理的评价能促进教学工作的顺利推行；相反，则会阻碍正常工作的顺利进行。现在许多学校的教学评价，都是以学生的集体考试成绩为依据，对教学工作进行评价。看教师的教学效果、看教师的工作态度，这无疑是正确的，但仅有这些是远远不够的，对教学效果强调过重，是造成学生负担过重，教师负担过重的直接原因。

许衡中学在确定教师的评价体系时，明确指出：对教师工作的评价，不仅要看教师的工作态度、工作成果，而且要看每项成果的过程是否科学合理，是否符合教育教学规律，是否有利于学生和教师的身心健康发展。如果教学成绩显著,但是以牺牲教师和学生的睡眠、娱乐、锻炼、身心健康为代价换来的,同样不能鼓励。

基于以上认识,许衡中学的教学评价体系包括两个方面,一是教学效果的评价,二是教学工作的过程评价。"高质量、轻负担"是学校教学评价的核心内容。许衡中学在吸取已有经验的基础上,完善了自己的评价方案,方案中从5个方面对教师的教学工作进行评价:第一,根据备课、上课、作业、辅导、考试、课外活动等方面的情况,对教师的常规工作进行定性考核。第二,根据学生成绩中优秀率、合格率和平均分等项目的指标变化情况,对教学效果进行定量考核。第三,通过对学生学习负担的跟踪,评价教师教学工作的科学性。第四,通过家长会、调查问卷和学生评教等方式,评价教师的受欢迎程度。第五,通过量化学生的学业成绩、教师的科研成果及教学改革成果等,对教师进行综合评价。

学生可以拒绝做作业

语文、数学、外语、物理、化学每天的作业总量时间不超过一个半小时,其他学科教学任务当堂完成,不留课外作业。教师超量布置作业,学生可以拒绝做,并且可以向教导处举报。禁止教师在课堂规定的时间外加班给学生集体补课,义务补课也不行。所有自习课时间全部为学生自主学习的时间,禁止教师讲课。凡是违反上述规定的行为均视为教学事故,发现一次罚款50元。对多次违规的教师要进行全校通报、诫勉培训、调离教学岗位,直至调出许衡中学。

以上内容选自《许衡中学减轻学生课业负担的六条规定》。

教师大量布置作业,占用学生自习课时间讲课,这在很多学校都是司空见惯的事情,甚至有些学校还鼓励教师这样做。但为什么许衡中学却把这些定为教学事故呢?

在张校长看来,在当前激烈的升学竞争面前,很多学校为了片面追求升学率,舍本求末,不惜以牺牲学生的学习兴趣和学习能力为代价,无限制地加重学生的课业负担,造成了学生的厌学甚至学习能力丧失等严重问题。这是教育的悲哀。"教育必须着眼于学生潜能的唤醒、开掘与提升,促进学生的自主发展;必须着眼于学生的全面成长,促进学生认知、情感、态度与技能等方面的和谐发展;必须关注学生的生活世界和学生的独特需要,促进学生有特色地发展;必须关注学生终身学习的习惯和能力的形成,促进学生的可持续发展。"

在减轻学生负担的同时,许衡中学要求教师提高教学效益。在课堂教学方面,许衡中学没有去研究某种教学模式的推广,而是倡导百花齐放、百家争鸣:语文学科,很多教师都在研究六步教学法,但是也有教师在尝试情景教学法;"适当集中,反复循环,阅读原著,因材施教"的张思中十六字教学法在英语学科教学中是主流,但是也有教师在探索超前阅读法;诱思探究教学方法在理科教学中被广泛使用。

"我们鼓励教师学习现成的先进成果,加以研究利用,但是所有的改革都被一条主线贯穿着,那就是培养学生学习习惯和能力。"张璧宏校长说,"许衡中学的教学要实现从教师的教向学生的学转化,学习阵地要从课堂向课外延伸,向学生生活的各个角落拓展。"

全校开设阅读课

许衡中学有一条规定:凡是学生喜欢看的书,只要给学校提供出书名、出版社,学校一定购买。如果学生自己掏钱买了,书又交到学校图书馆收藏,学校报销书费。

张璧宏校长对读书和学习成绩的关系有自己的理解：开设阅读课，让学生到图书馆、阅览室读书，对紧张地学习课本知识的学生来说，是一种放松。放松过后学生能够更好地集中精力学习和掌握课本知识。而从学生开阔眼界、扩展知识面来说，这又何尝不是另一种学习？大量阅读可以使学生具有更深厚的文化素养，学习课本知识就会游刃有余。这一举两得的事情，何乐而不为呢？

为了保证学生的阅读时间，许衡中学在全校开阅读课，每班每周两节。阅读课在图书馆和阅览室上，由专职教师负责。

据介绍，阅读课上，除了学生自主阅读外，教师还要给学生上阅读指导课、阅读交流课、阅读积累课。阅读指导课主要对学生进行读书方法上的指导——如何进行略读、精读、浏览等，一切围绕"如何更有效地阅读"去为学生服务，让学生逐步掌握正确的阅读方法，养成良好的阅读习惯。阅读交流课，学生互荐自己已阅读的书给伙伴，可以是语言的交流，可以是笔记、日记的交流，也可以是网上交流。阅读积累课，老师引导学生对部分词句等做适当的摘录，逐步养成做笔记的好习惯。这样"得法于课内，得益于课外，有效地提高了阅读能力"。

在许衡中学，除了阅读课之外，和阅读有关的活动还很多：诵读活动——利用每天早读时间进行20分钟诵读，辅导老师为学生挑选或学生自选内容，可以是古诗词、优秀散文、经典名著等。"名著陪伴我成长"活动——学校提供书籍，让学生自己挑选一本感兴趣的，每天的上午、下午第一节上课前的预备时间，学生用3分钟左右的时间"说"名著，包括介绍内容、讲情节、讲心得等。此外，还有交流读书心得的演讲活动、讲名著故事活动、读书征文活动、文学创作活动等等。

全体师生背诵《目标的威力》

许衡中学的全体师生都会背诵一篇文章——《目标的威力》。该文讲的是，哈佛大学有一个非常著名的关于目标对人生影响的调查，其结果显示，凡从小树立远大理想并朝着目标不懈奋斗的人，最终都能取得突出的成就。

许衡中学有个惯例，初一新生一入学，就拿到学校的校本教材《与理想同行》，第一篇就是《目标的威力》。学校要求所有新生全部能够背诵，领会其内在的精髓，并在班会时间进行讨论：为什么目标的威力如此巨大？你怎样理解这篇许衡中学学生必读的文章？你将怎样确立自己的奋斗目标？……

许衡中学教学楼的正面醒目地写着两行大字：迎着晨风想一想，今天该怎样努力；踏着夕阳问一问，今天有多少长进。按照学校的要求，每一位学生都要根据自己的理想写下座右铭，提醒自己时刻牢记目标。每年新生入校后，学校都要开展读名人传记活动，让伟人的崇高理想影响、鼓舞学生健康成长。学校每学期都组织学生开展"我的理想"演讲比赛。

这些活动的目的只有一个，"要让理想教育扎扎实实地深入到学生的内心，震撼每一个学生的心灵"。

作为焦作市的一所名校，许衡中学面临着沉重的升学压力。但从成立的第一天起，许衡中学就把学生的身心健康作为学校发展的头等大事。早在2004年，在教师编制非常紧张的情况下，学校就从河南师范大学招聘了两名心理学专业教师，在全校开设心理课，并建成了焦作市第一个心理咨询室。

许衡中学的心理健康教育没有教材，上课使用的是两个心理学老师在充分调研学生情况基础上编写的讲义：初一年级的重点是学生要如何适应初中学习生活、如何和别人相处、怎样培养良好学习习惯等内容；初二年级指导学生要学会抵御不良风气的影响、怎样培养乐观健康的人生观；初三年级的主题是学生要学会如何面对人生的选择、怎样在紧张的学习生活中保持健康心态、应考心理辅导。这些教学内容"不一定规范，但非常实用"，成了许衡中学学习生活中不可缺少的一部分。

教育日记把他送进国家队

学生张程鹏曾代表中国参加在印度孟买举行的为期十多天的国际天文奥林匹克竞赛。中国代表团成员共有 7 人，其中初中组 3 人。经过一周多的角逐，张程鹏同学获得了铜奖，并且是所有铜奖中的第一名，是我国代表团成员中的最好成绩。

张程鹏说："是教育日记把我送进了国家队。"

给孩子写教育日记，是焦作市的一项科研课题。

张程鹏同学进入许衡中学后一直由杨玲玲老师给他写教育日记。写教育日记前，他乖巧、听话，成绩良好，一般考试成绩在班上排四、五名，但语文基本功较差，日记经常有错别字，英语成绩更差，单词量小，学习劲头不足。

通过给他写教育日记，杨老师越来越了解张程鹏，对他细致入微的观察，让杨玲玲老师有了与张程鹏心灵对话的基础。杨老师找他谈心，并根据他对天文的爱好，鼓励他以此为契机，树立远大理想，端正学习态度，努力学习。在杨老师不断鼓励下，张程鹏成绩直线上升，多次名列全校第一，数学奥赛获焦作市中站区第一名，语文写作水平也大有提高，英语更是稳步上升。他对天文的兴趣越来越浓，在全国天文奥赛初赛、决赛中都取得了一等奖的好成绩，最终入选了中国奥林匹克代表团。

语文教师侯艳霞教育日记的对象是牛嘉伟同学。侯艳霞老师是在牛嘉伟升入初三后,才接任其班级的语文教学工作,并担任其班主任的。相处后,侯老师发现他是一个没有时间观念、没有人生目标、生活态度消极的学生。他上课几乎是踏着铃声进班,课堂上经常睡觉,依仗着天资聪明成绩仍处于中上游。改变这样的学生不是一朝一夕就能做到的,必须要有耐心,找到最能激励他的点。教育日记在侯老师和牛嘉伟之间架起了一座沟通的桥梁,在一年的时间里,侯老师为他写下了激励斗志、学法指导、毕业前心理调适等多类教育日记。慢慢地,他的成绩稳定了,最终以优异成绩考入了省级示范性高中。侯老师认为,牛嘉伟的飞跃得益于教育日记。"学习成绩是可喜的,但更重要的是,通过这一年的教育日记,他端正了学习态度,树立了人生目标,有了正确的人生观、价值观,为他今后的人生之路奠定了一个良好的思想基础。"

许衡中学不仅要求每个任课教师都为学生写教育日记,而且引导家长也为孩子写教育日记。学校统一印刷优秀教育日记,通过范文指导家长的写作;开展大规模的教育日记专题报告会,让广大家长认识到教育日记的意义,打消家长担心写不好教育日记的顾虑。

通过教育日记,一大批教师提高了素质,一些学生的学习成绩、道德品质有了很大提高,广大家长也提高了教育孩子的能力和自身的素质。

体育特长生各门超过 90 分

学生张亮,爱好体育,参加了学校的篮球队、排球队、田径队,是学校夺得全区篮球冠军、全市排球冠军的主力队员,在全市田径运动会上也取得了优异成绩。同时,他的中考总成绩是 566 分(总分 600 分)。

学生时海波,是学校的体育特长生,篮球打得好,中考成绩 544 分,各门分数都超过了 90 分。

像这样有特长而学业成绩又特别好的学生,在许衡中学有一大批,这被称为"许衡现象"。

这种现象与许衡中学"让特长促进学生的学习"的特长生培养理念密切相关。

在许衡中学的校长和老师眼中,每个孩子都有他的优势,只要给他搭建好舞台,就一定会有精彩的表现。要抓住学生的每一个闪光点和特长,去把它发挥到最大,从而增强学生的自信心,提高学生的综合素质。

在许衡中学,每天下午第四节课是学生自由支配的时间,所有教学设施和功能教室全部对学生开放,并安排有教师对学生集中辅导。为了保证活动的质量,学校把活动的效果量化,并列入教师的责任目标进行考核。

展示个性的特长节、以爱国爱校为主题的艺术节、"情系许衡"演讲比赛、PPT制作大赛、中学生"飞向太空"书画展、"我眼中的新焦作"征文比赛……丰富多彩的活动,让学生从中受到教育,学会思考,关注人生。学校先后组建了文学社、记者团、英语俱乐部、乐队等学生艺术社团,为校园文化增添了一道道亮丽的风景。

教师职业生命的重建

有这样一所农村学校：

学校推行"零"作业教改，杜绝一切传统意义上的课外作业，要求所有教师必须在课堂上当堂完成知识巩固性训练。

整个学校找不到"校长室"，校长把"校长室"的牌子换成了"思想会客厅"。

学校成立了众多的"教师自组织"：教师成长志愿者共同体、教学改革研究者共同体、主体性课题研究共同体、课程研发共同体、"网络型"教师学习共同体、异校伙伴互助组织……

这所学校就是山东省利津县北宋镇第一中学（以下简称北宋一中），校长李志欣是"零"作业教改的设计师和领导人。

在认真考察、研究的基础上，《教育时报》学校新文化研究室认为：实施五年的零作业教改不仅彻底埋葬了题海战术，斩断了主要靠拼时间为标志的应试教育的命脉，而且让教师劳动超越异化走向了审美，破解了中小学教师劳动异化这一长期困扰基础教育科学发展的难题，从根本意义上解放了教师，重塑了学校教育生产关系，解放了教育生产力。

改革，高端定位＋智慧切入

北宋一中教改的定位从一开始就是有高度的。这种有高度的定位来自李志欣校长对中小学教育的切身感受和深入思考。

校长价值＝教师发展＋学生成长。这是李志欣的校长价值计算公式。然而，他刚刚担任北宋一中校长时，学校现实让他备受煎熬：教师们不在高质量的课堂上下功夫，而在劳而无功的作业布置上争抢不休；不在大有学问的教学研究上下功夫，却在如何利用作业控制学生的"小聪明"中大动脑筋；不在追求高远的专业发展上下功夫，却在无休无止的作业批改中空耗生命。

他在一篇文章中这样写道：进入学校情景，开始慢慢与老师交流，感知他们都能对自己工作的意义、责任而感到自豪，他们内心深处都潜藏着热爱本职工作的基因，他们向往学习、研究、相互尊重的生存状态。但是，日复一日刻板单调的教学、耗时耗力令人心力交瘁的琐事、个人发展前途难测的无奈、待遇无法与劳动付出相一致的苦恼、课程改革教材变更带来的知识短缺压力、违背自己道德信念和原则的活动、以学生成绩和学校评估来评价教师业绩的尴尬、应试教育追求数量与速度形成的功利性竞争、教育个人主义文化造成的教师孤单与恐惧、全身心投入工作疏于尽孝的负疚感等等，这些伤害令教师苦不堪言，破坏了教师纯洁的心灵，削弱了教师的创新能力与教学兴趣……如果在这种教师心灵极度受伤害的学校环境里进行教育改革，其结果一定是无果而先折，甚至导致更危险的结局，受伤的不仅仅是教师，还有学生、社会和民族的未来。

他发现，现实中的教师专业发展多注重利益（名与利）的驱动，却忽略了生命意义的心灵引领，没有抓住教师发展的命脉——从心灵深处去探寻教师职业应有的常规生活。

学校改革到底从哪里开始？李志欣最终把改革切入点定位在了"为学生减负"上，提出了"零"作业的教改目标：各年级一律不准布置任何形式的课外书面作业，不准课下发放成套试题，课上完不成的作业不准留在课下做，更不准布置隐性作业。

李志欣推行"零"作业教改，目的是为了截断教学的传统路径，重建教师职业的常规生活，努力还原教师职业的专业自主性，做真正的教育——追求回归教育本真的全人教育。

零作业教改，重塑教师专业生活方式

教师的教学实践应该由单纯传递别人的知识变为创造自己的知识结构，应该是实践自己研究成果的过程。这才是真正的教学，这样的教学才谈得上研究，这才是教师应有的生活方式。

一旦彻底取消了课外书面作业，就切断了过去教师教学依赖的题海战术，在这种情况下如何保持并提高教学质量？

北宋一中大胆改造了传统的课堂教学流程，自主开发了三种学习材料："单元自主学习指导纲要""课堂学习指导纲要""双休日（节假日）生活指导纲要"，并以此改变了教师传统的备课方式和教学方式、学生的学习方式和课外生活方式。

上午第四节是北宋一中雷打不动的自习课时间。学生们正在教室安静地学习，每个学生的面前，都有一份"单元自主学习指导纲要"。单元自主学习指导纲要是北宋一中教师智慧的结晶。任课教师根据课时数，将教学单元预习内容整合在一起，制成一份单元自主学习指导纲要，引领学生在课前的自习课上自主预习，使学生能够掌握基本知识，发现疑难问题。这样就有利于教师在课堂上对具体的学习目标进行分解与阐述，对学习重难点进行分析与把握，对学生进行学习指导。

单元自主学习指导纲要包括教材分析、知识构建、背景知识、问题展台、学习评价五个环节。

教材分析包括学习内容、学习目标、方法指导三个方面。

知识构建环节是单元预习的重点，也是预习效果呈现的重要一环。单元知识构建的形式是多种多样的，学生可以根据已提供范例，仿照进行构建，也可以根据自己的喜好有创造性地设计单元知识构建的形式。

问题展台环节主要交给每组的小组长来完成。组长把组员的疑难问题进行汇总，及时反馈给老师。

学习评价环节包括三个方面：自我评价、小组评价和教师评价。在单元学习指导纲要中，小组长的作用是不容忽视的。比如，组长石男强发现刘丰志预习中很少提出疑难问题，就在小组长评价时对刘丰志进行了特别提醒。

单元自主学习指导纲要的核心是自主，在此基础上，学生学习重心前移，由此，教学流程实现了再造。

课堂学习指导纲要有五个环节：目标定向、学生先学、合作探究、点拨拓展和反馈达标。课堂学习目标是在学生自主学习基础上新生成的问题，具有很强的挑战性。在部分学生能够独立解决问题的基础上，教师要求学生在班级内形成小组内部、小组之间、生生之间、师生之间的广泛多向对话，以交流"先学"成果，实现教学重难点的突破，满足不同层次学生的学习诉求。问题解决之后，学生就开始丰富多彩的展示：在教师的组织下，学生到黑板前讲解、提出问题，把自己的思路、观点、方法以各种方式展示出来。教师在学生展示时倾听记录，准备点评。

课前师生有了积极的准备，课堂变成了学生展示的舞台，变成了教师验收、评价、引导的场所。课堂不再是学生学习的开始阶段，而是学生学习的提升和深化阶段，课堂不再是难熬的监狱，而是师生真正的乐园。

双休日（节假日）生活指导纲要，是改变学生课外生活方式的一大创新。"快乐读书日"和"对联搜集"活动，是语文教师崔金英开发的两项活动。"快乐读书日"主要是引导学生根据自己的喜好选择喜欢的书来读，并通过各种各样的形式进行分享展示。学生非常喜欢展示环节，也想出了各种展示的方法，例如：读书卡，学生把喜欢的片段和读书的收获用文字的形式记录下来；小说人物漫画，学生用画笔简单勾勒出小说人物的肖像或动作并配以文字说明；手抄报，用文字和图画相结合的方式来展示读书内容。"对联搜集"更加灵活有趣，学生们的展示有书面的也有口头的，还有用手机拍的照片，内容上有自己编写的对联，有对联的集锦，还有对联故事。

北宋一中通过三个纲要的设计与实施，创造性地把自主、合作、探究学习落在了实处。三个纲要相互衔接，相互补充，实现了课内与课外的有效链接，结束了教师唯教材与教辅而教的历史，教师因此有了课程开发的意识与智慧，教师开始用自己研发的课程上课，不再是专家的依附者，开始打造自己创造的知识结构，同时实现了国家课程的校本化。

思想会客，把学校建设成道德共同体

李志欣刚到北宋一中时，曾与教师们进行过一次关于专业成长的对话。

"谁的成绩好，谁就是好老师。成绩好了，评先树优都优先，说真的，与其坐下来看看书，还不如多研究研究考试题好些。"

"我也想整理自己的教育思想，可整理出来有什么用呢？想发表吧，没有渠道，还浪费时间。"

……

老师们的这些"真心话"让李志欣陷入了沉思。他在一篇随笔中这样写道：长期以来，一线教师通常认为自己处于知识生产和消费的流水线末端，知识由专家们来生产，而教师的任务只是传递知识而已。很多老师只是期待专家的提炼、加工……当前的基础教育中，常常能看到一群不想读书学习、不追求个人成长发展、不讲究智慧生成的教师，"忽悠"正在成长、渴求知识、向往未来的生命。这样的教育是没有灵魂的教育。

于是，李志欣便把"唤醒教师自主成长之梦，走基于'兴趣解放'的教师发展之路"当成了自己的使命。

"教师最好的教法就是言传身教，就是自己永远在学习、成长中。教师自己不成长的课堂是乏味的课堂，教师自己不成长的教育是可怕的教育，教师自己不成长的生活是不幸的生活。"他说，"我不是角色，应该永远在行动，这是我永远的生活宣言。我的行动就是成长！"

李志欣的周末生活很简单，就是读书与写作。他已经养成了每天必读的习惯，即使再累，也坚持阅读。阅读积累一段时间后，他就会进行梳理总结，把所学与实践对接，形成文字。一个寒假，他每天读书学习时间不少于3小时，读书笔记写了2万多字，撰写5篇文章。

为了重建教师专业生活，努力还原教师职业的专业自主性，李志欣把"校长室"的牌子摘了下来，代之以"思想会客厅"。

对此，老师们纷纷议论，校长是怎么了？是追求新潮，标新立异，还是想彻彻底底地进行一场思想革命？那段时间，来拜访校长的人，总会带着疑虑的目光看着那块写有"思想会客厅"的牌子，或问学校的老师，或给校长打电话求证，然后才敢推门进入。

李志欣在思想会客厅前的墙壁上，又开辟了一个专栏，取名"思想会客"，上面贴着文章，有校长的，有老师的，也有学生的。在专栏里面，校长主要谈自己的管理体会；老师则主要谈教学心得。学生的思维是最活跃的,他们用最无邪的语言写下自己美好的愿望;当然,也有向校长提意见的。

对于由校长室到思想会客厅的变化,王建军老师在其《学校没了校长室》一文中这样评论:"牌子的变化只是一种形式,发生根本改变的是人的思想。校长应该做这样的智慧引导者,而不要做强势的命令者。校长把广大师生当作成长中的伙伴,师生就将校长视为心中的亲人;校长柔情似水,师生则情深似海。这样的教育,哪有心声不能聆听?哪有心灵不能感应?哪有心火不能点燃?哪有心花不能怒放?"

教师自组织,谁有思想谁就是领袖

在学校里,只要一个教师有思想,在某个方面有独到的理解,他就是这方面的领导者,任何人都要尊重并自觉接受他的领导。只有尊重教师的思想和劳动,才是教师最需要的心灵生长秘密。

用思想会客厅取代校长室后,李志欣向教师们发出了成立第一个民间学术组织的倡议:

> 成立的目的,就是通过成员之间自发开展的学习和研究活动,促进大家的专业成长。通过互促共进的学习交流活动,解决教学改革中遇到的疑难问题,逐步缩小成员之间的差距,使各成员均衡发展,共同提高。咱们这个组织就叫"教师成长志愿者共同体"吧。志愿的含义,就是没有一丝一毫的行政强迫……

就这样,由他倡导和参与、引领教师成长的学习共同体——"教师成长志愿者共同体",在北宋一中诞生了。教师成长志愿者共同体既有分散学习,也有集中活动。平时,大家自主学习,写教育感悟。每周四晚上，共同体成员集中在一起分析和修改个人提交的稿件，讨论决定团体其他学习活动。共同体的每次活动都有不同主题，包括向大家推荐媒体征稿和讨论话题。所有这一切都是"为了珍惜和尊重教师的发言权，让他们的知识合法地进入学术平台"。

在教师成长志愿者共同体的带动下，更多的民间学术共同体诞生了：教学改革研究者共同体、主体性课题研究共同体、课程研发共同体、"网络型"教师学习共同体、异校伙伴互助组织……

对于这些教师自组织性的共同体，李志欣的原则是"谁有思想，谁就是学校的领袖"，以培养教师的领导能力，让教师自信、从容、有尊严地工作和生活。

许多共同体成员还先后建立了自己的专业博客。博客带给了老师们全新的教育理念，读书写作逐渐成为教师的一大乐事。几年来，共同体成员有大量文章经过大家讨论修改后投稿被报刊采用。李德刚老师说："加入共同体之前，我从没奢望能在报刊上发表文章，但是现在，我已在专业报刊发表了 30 多篇文章。"

对于北宋一中的教改，教育专家柳夕浪评价道：北宋一中的校本教研创设了一种让普通学校、普通教师的教育教学思想自然流淌的场境，让校长与教师之间、师生之间、教师同伴之间、教师与专家学者之间能够彼此平等地，而不是一方主宰另一方地交流；聚焦于课堂，而不是游离于现实课堂之外；在行动中体验、通过行动来表达，而不只是停留在口头上。一句话，用自己的生命来表达，在思想的聚餐中，丰富着教师的精神生活，改变着教师贫乏的思想状态，赋予教师真正的生命活力。如此，校本教研也有了自己的灵魂，而不是徒有"沙龙""赛课""论文"等等诸多躯壳、形式。

从尚庄小学教改
看农村教育困境破解

教师不写教案，不改作业，基本不讲课！

这是新安县五头镇尚庄小学 10 名教师真实的工作状态。然而，这所山村小学的教育教学成绩却在当地连年稳居第一，且遥遥领先，成为河南省农村教育的首张名片，来此学习参观者逾万人。

为什么农村学校共同面临的师资困境在这所学校却不是问题？这所学生不足 300 名的山村小学是如何颠覆传统教师业务的？为什么会被誉为"一列无人驾驶的动车组"？其发展的秘诀究竟是什么？其理念和实践对破解农村教育的困局有什么启示？

让我们带着这些问题，逐层揭开尚庄小学教改的神秘面纱。

自主管理：让学生做学校的主人

走进尚庄小学，你会发现每个班级的黑板前都张贴有"小助手班级管理登记表"，明确写着各类工作的负责人和工作要求，如：

总班长，负责班级全面工作，有权直接指导和记录。如各项工作都井井有条，受到学校表扬，每周奖红星一颗。（以流动红旗为准），一项不合格，减红星一颗。

安全队长，×××负责组织东路的学生站好队靠右走，×××负责组织西路的学生站好队靠右走。如能注意安全，按规则靠右走，每周奖红星一颗，否则去掉一颗红星。如能得到安全红旗，奖红星3颗。
……

此外，还有少先队负责人、卫生负责人、晨读和饭后负责人、纪律班长、体育班长、文艺班长等的具体职责和考评规定。大到学习、纪律、卫生、安全，小到门窗、桌凳、水电都有学生专门负责。

这是该校多年来实施"放手工程"的核心内容之一。"放手工程"起源于该校杨志红老师的"班级小助手自治管理"。

杨志红是学校四年级的班主任，其班级各项工作在全校乃至全镇遥遥领先。这得益于她的"班级小助手自治管理"。"志红做法"被学校作为成功经验，在三年级以上的班级推广。"志红做法"的推广让全校产生了146名小助手，把教师从繁忙的工作中解放了出来。

"我们要好好午休""饭前、饭后不在路上多停留，让老师、家长少操心""天气热了，大家要讲究卫生，勤换洗衣服""不要顺楼梯扶手向下溜"……这不是班主任在布置工作，而是各位小助手在传达学校的精神，班主任只是"洗耳恭听"。学校每月召开一次小助手会议，班主任一般不参加，而是小助手和学校领导、分管教师直接面对面交流。

学生自治给学校工作带来无限生机。每周小助手们都要记录各项工作的具体情况，实行周小结、月总结制度。月末召开的综合评价会，各班同时开始，均由小助手主持。

学生自治不仅锻炼了学生做人、做事、做领导的能力，而且解决了班主任苦、累、烦的难题，教师感到轻松、自在、省心、省力，也有了更多的时间投身于专业发展。

几年来，尚庄小学的玻璃没有损坏过一块，花草没有折损过一枝。教室的钥匙就放在教师办公室的窗台上，谁到校早谁开门，甚至连星期天、假期也是如此，各班至今没丢失过一次东西。

三年级班主任杜红霞因丈夫有病，三个星期未能到校，班里的学习、纪律等一切均由小助手负责。杜老师来校上班时，全镇期末调研考试已结束。班级语文成绩位列全镇第一的事实，让她对学生充满感激，更对自主管理叹服不已。

学生给校长写信参与学校管理，是尚庄小学学生自主管理的内容之一。

学校的大门下面有很宽的空隙，人可以从下面钻进来，请学校在下面添几根铁棍。学校后操场的双杠快断了，请学校再换一个，否则会有危险的。水塔下的水龙头太少了，只有两个，一个还不出水，请学校多买几个水龙头。不久就要考试了，您把家长们请来监考，太好了……

每当读到学生写给自己的信，张营校长都会充满自豪："学生是我的眼睛、耳朵、嘴巴、手足，弥补着我这个校长耳、目、心、力所不能及。"

自主课堂：让学生做学习的主人

《智慧课堂》一书中有一段尚庄小学"一位小数的加减法"（三年级下册）课堂实录：

一、例题导入

主持人：同学们买过东西吗？谁能说出你买了什么东西，花了多少钱？同学们请看黑板，有哪位同学能把黑板上这两句话读一下。

学生：小明妈妈今天买肉用去6元5角，买蔬菜用去3元4角。

主持人：这是一个完整的应用题吗？还缺少什么？（有人回答缺少问题）那么谁能把这个问题补充出来？（小组讨论）

各组派代表回答：

学生1：妈妈今天买菜一共用了多少钱？

学生2：买肉比买菜多用多少钱？

学生3：买蔬菜比买肉少用多少钱？

主持人：谁能把条件和第一个问题连起来读一读？谁愿意把条件和第二个问题连起来读一读？谁愿意把条件和第三个问题连起来读一读？我们看，现在就变成了3道应用题。现在我们集体把这3道应用题解一下。

请一二组讨论第一题，三四组讨论第二题，五六组讨论第三题。讨论后每组派一个代表演板。

……

这个同学的计算对不对？掌声鼓励！

……

我们为这三个组的创星台各上一个台阶。

（教师简短点拨归纳：列竖式时一定要把小数点对齐）

二、训练展示

主持人：请各小组在练习中寻找与本例题相关的习题。

学生：111页第1题，112页第2题。

主持人：开始训练。第一二组做第一题，第三四组做第二题。5分钟后各组派代表到黑板上演板。

……

三、作业检测

主持人：今天的作业是112页第3题，10分钟后上交批改。

……

尚庄小学的课堂常常让参观者目瞪口呆：讲台上看不到老师，小主持人按照自主课堂的操作规范与要领，指挥若定地引领学生自主、合作、探究，同学们争先恐后地发言、展示、质疑、答辩……整个课堂一派生机勃勃、生龙活虎的景象。教师偶尔点拨、校正、补充几句。讲台上看不到老师的影子，老师或坐在学生中间，或参与学生活动，俨然成了一名"大学生"。

参观者普遍疑惑的是：小主持人是相对固定的几个学生，还是全班学生轮流担任？这样的课堂，老师根本不需要备课，那么小主持人怎么备课？小主持人是怎样训练的？

在尚庄小学，课堂上的小主持人是由学生按学号轮流担任的。在张营校长看来，小主持人的培养一点都不难：主持人其实相当于报幕员，上课时只需按简单的流程操作就行了。课堂流程其实也很简单，一般有这么几项：预习出题把前奏打响，课堂问题审、换、做、改、评、纠。这么几项谁不会？流程无非是时间分配，主持人不过是说说而已。

对尚庄小学的课堂，张营编了一个顺口溜来解读："小主持人主持得好，大家讲课激情高；学生的作业学生批，成就了学生，轻松了教师；小组协作一帮一，优差学生都受益；每课一考是法宝，优秀成绩跟着咱跑。"

考察尚庄小学的课堂后，课改专家、新安县教师进修学校校长夏书芳认为，学生每学习一课，都在寻找问题、提炼问题、提出问题、解决问题、纠正问题。"学生不仅课前独立预习、出题、研题，还在课上轮流主持、讨论、合作、交流、争论、答疑；不仅课堂上有读、疑、问、辨、析、说、查，课后还有布置、检查、批改、评价。一切都是学生在做，做到这地步,学生成绩不好、能力不强才是怪事!"

自主作业:发展学生,解放教师

在尚庄小学,教师不再批改作业,而是把批改作业的权力交给了学生。若说让学生批改数学、英语作业,或许能做到,因为这些作业答案单一,过程明晰。但让学生批改作文、周记,这行吗?尚庄小学用自己的实践证明,这样做不但行,而且效果特别好。

"去掉无效劳动,做切切实实的教育",是尚庄小学课改的指导思想。在这一思想的指引下,学校大刀阔斧改变了传统教学中许多无效的做法,让学生自主批改作业就是其中之一。张营认为,教师之所以批改作业,就是要发现问题,以便查漏补缺。与其在事后弥补,不如防患于未然。既然如此,教师就应把注意力转移到学情上,在学生学习的疏漏处点拨,在知识重点处强化,在学生困惑处点化,而不是等学生的错误发生、错误认识形成后,再去费力矫正。学生批改作业可以让他们对自身的优点与不足有更为深刻的体验。学生在查找自身的优劣中不断成长。这样既解放了教师、提升了教师,又锻炼了学生、成就了学生。

学生批改作业坚持自批与互批相结合、定点检查与多项交叉检查相结合的原则,不仅能批出错误、批出精彩、批出建议,还会批出奖惩、批出鼓励、批出提升。

字迹较工整,篇幅较长,说明方法也挺多,come on!——张婕

你写清楚了实验的过程,语言生动,努力吧!你将是下一个爱因思谈(斯坦)、牛炖(顿)。呵呵!——陈瑞格

字迹不太好,篇幅太短,第二段错别字太多,全文标点符号没几个,而且用得也不恰当,语句不通顺。但是,你能时时刻刻想着

国家，想着怎样报效国家，这一点是好的。希望你加油，把字练好，并提升自己的写作水平。——陈媛媛

这是三位学生对陈利婷同学的一篇科普小作文的批语。

按照作业批改的规定，在他人批改的基础上，学生还要自批。在三位同学的批语后，陈利婷这样写道："谢谢！我会努力的！走着瞧！"

自课改以来，尚庄小学学生的作文水平飞速提高。每一年学生们都要出一本自编的作文选，特别是高年级学生，每4人小组每年都会出一本作文选。毕业生有一半学生能写出万字作文。在该校学生作文选《雏燕》上，新安县教育局副局长游玉芬热情题词：篇篇都有新意境，人人都是小作家。

项目管理：发展教师的领导力

尚庄小学把班级事务完全交给学生去管理，让教师完全从沉重的班级事务中解脱出来，让教师有了自主发展的空间，可以心平气和地去研究教育问题，实实在在地改善教育中的难题。

在此基础上，尚庄小学把学校管理的各项事务作为项目，通过竞标的方式让教师负责。每位教师既是学校的管理者，又是学校的被管理者，在垂直与交叉的管理中得到历练。

尚庄小学把日常管理工作具体分为学习、纪律、少先队、卫生、安全五大项，每一项都有老师做负责人。作为项目负责人，教师协同各班负责此项工作的小助手开展工作，不断召开会议，让大家出谋划策，分头管理，分工合作，关注细节，把工作做得尽善尽美。

就卫生工作来说，负责该项目的教师要定期组织各班的卫生委员开会，要求他们分工协作，对各班的卫生区进行逐一检查、逐个打分，最

优秀的发放流动红旗，以此来督促各级各班做好卫生工作。

负责学习项目的教师要统一调度、安排学校每学期所开展的各项学习活动。整个过程由负责教师指挥，各班教师具体安排，小助手付诸实施。

负责少先队的老师，在组织学生做好少先队常规工作之外，又成立了少先队"红星广播站"，由各班推荐优秀播音员、小记者、小通讯员，对本班及全校的先进事迹、优秀人物、不良行为等进行跟踪采访和监督，及时报道。这样，学生在校内、校外时刻都能考虑到自身形象、集体荣誉，也就自然而然地形成了良好的日常行为习惯。

在此基础上，学校将教学仪器室、体育器材室、图书资料室、文印室等功能室的管理也分派到人。校长名义上是负责学校全面工作，实际上是"甩手掌柜"。教师分管了学校的各项事务，而学生又分担了这些事务中的绝大部分工作。"老师管老师，老师助老师，老师管学生，学生助老师，学生管学生，家长助学生"每天都在这里上演。这正是张营校长的追求——人人都是学校主人。这样做，既培养了教师的领导和管理能力，又培养了学生的主人翁意识。这正如该校校歌中所唱的："自我管理，自主发展，主动精神大发展。"

教案改革：从无效劳动中解放教师

凡是到过尚庄小学考察的教师都会发现，这里的教师不写教案，不改作业，甚至不讲课。这让许多不明就里的人大为惊诧。尚庄小学的教师不写教案，并且学校也从不检查教案，这项勇敢的改革源于张营校长对教案检查的反思：通过多年的听课及教案检查，他发现有不少教师的教案，备得很认真、很详细，但大都是从参考书上抄来的。讲课时，他们也带教案，但基本不看。教师写教案纯粹为了应付检查！

既然老师不愿写教案，何不换一种他们喜欢的教研方式？尚庄小学提出了每个教师每月写4篇教学反思、2篇教育故事的设想。张校长与老师们算了一笔账：全校12位教师（当时），一学期按18周算，那么，全校可以写216篇教学反思，108个教育故事。这样做，只有好处，没有坏处。因为，教学反思与教育故事是促进教师专业发展的有效途径。这种想法得到了时任新安县教育局局长的韩经权的支持，"让他们先试一下"。于是，尚庄小学开始了教案改革，也开辟了解放教师的先河。

实践证明，教学反思、教育故事成了改善尚庄小学工作的一条有效途径，成了激发教育智慧的平台。如今，该校的教学反思、教育故事已经出版了4集。

韩经权局长在该校出版的《智慧教育的火花》一书的序言中热情洋溢地写道："写教育故事，写教学反思，这多好！比那些应付检查的教案，不知要好多少倍。能够写成文字的思考，才是成熟的思考。许多时候，想了许多，却不能表达到书面上，其中的重要原因就是没有真正想清楚。这样的教改如能坚持下去，教师就会成为研究者，就会成为教育家。教学这一智力活动，就会充分体现智慧与幸福，而不是乏味与痛苦。"

教师一旦从束缚中解放出来，便会爆发出极大的积极性。党治邦老师是尚庄小学教师专业发展的一个代表。他对一名后进生进行追踪观察记录，写出了长达18000字的研究报告——《一个后进生转化的四部曲》。报告有4篇故事、9篇反思，对转化学生过程中所蕴含的两种教育思想（赏识教育、追踪教育）、三种教育方法（欲擒故纵、以情动人、联手矫正）作了剖析提炼。他管理班级的理念与实践已被整理成《智慧班级》一书。近年来，党老师不仅多次为小学教师做报告，而且为高中教师做报告；不仅在新安当地讲学，而且常到外地讲学。

"自在管理":重新定位校长角色与职能

张营校长认为,最好的学校应当如童话。一个好校长,不能不关照师生的生命,不能不重视人的内在精神建构,不能不注重教育生态,不能不强调教育和人自身的完整性,不能不追求学校发展的自在与诗意。

张营校长管理学校追求的是一种"自在管理"。他认为当校长应该当得潇洒点,校长如果当得很沉重,那可能是干了他不该干、干不了的事。

张营校长把工作的着力点放在六个关键词上:第一是服务,他把师生视为学校的主人,自己做师生的公仆;第二是倾听,让每位师生都有平等言说的权利;第三是分责,让每个人既是管理者,又是被管理者;第四是协商,凡事多与师生商量;第五是监督,让校长的特权无处藏身;第六是发展,让师生发展与学校发展在自由自在的环境中达到和谐共振。

教是为了不教,管是为了不管,学校管理达到了不教与不管的境界,就进入了自由的王国。有位专家实地调研了尚庄小学之后,这样总结尚庄的经验:教师不教,学生自教、互教;教师不管,学生自管、互管;家长助教,家长助管;校长基本什么都不管。

尚庄小学的教改实践为学校管理树立了一个范本,这也正是张营校长孜孜以求的管理境界。

为了给教师发展搭建平台,尚庄小学开办了智慧教育论坛,论坛内容涉及教师专业成长的方方面面,其形式有座谈会、演讲会、学术沙龙等,多种多样。每次论坛,张营校长讲话不超过5分钟,对教师却没有时间限制;每次论坛,学校都要录像。

李素齐老师性格内敛,做事不张扬。她第一次在智慧教育论坛上面对校长手中的摄像机时,"心里咚咚直跳,大脑一片空白,话到嘴边难出口,提前准备好的词全乱了套"。经历过几次后,做报告已经变得"稀松平常了"。"我不得不感谢学校领导的良苦用心,这种近乎残酷的做法有三个好处:一是逼迫教师不得不规范做事、智慧做人,二是锻炼了演讲者的胆略,三是分享和提升了智慧。"李素齐说。

从最初的看草稿到列提纲,从有稿讲到脱口秀,从几分钟到一个多小时的专题报告,智慧教育论坛不仅提升了教师的演讲水平,而且推动了教师的专业成长,催生了一批有智慧的教师。

农家书房:培养学习型农民

建设农家书房是尚庄小学的一大创新。从提出构想至今,尚庄村农家书房已有117个,藏书42540册,并且这一数字仍在不断增长中。

为什么一个偏僻的农村小学要搞农家书房建设?

张营校长的回答是:新农村建设不应该仅仅是房子漂亮、道路宽阔、物质丰裕,更重要的还在于农民的观念更新和素质提高。同时,孩子是伴随着父母成长的,孩子出了问题,根源往往在父母身上。家长只有好好学习,子女才能天天向上。农家有了书房,家长不仅可以依托家长学校教材进行系统学习,而且能够和孩子一道学习,这本身就是对孩子最好的教育。我们建设农家书房的目的是培养学习型农民,让家庭成为学校的延伸。这样才能实现尚庄小学校歌中所唱的"校联家,家助校,村校互动,家家书香"。

为推动农家书房建设,学校首先要求教师以身作则。学校把教师家的书房拍成专题片,让学生观看。老师通过自己读书去影响、带动学生,使学生亲近老师、善待书籍、建设书房。目前该校教师家家有书柜、户户有藏书。他们自然成了建设农家书房的先行者。

本周读了几本书,感受最深的是哪一本,学生谈谈读书感受,交流一下读书笔记,评选一些优秀小读者……每个同学都能行动起来。这种经常性的学生读书交流会对农家书房建设起到了不可替代的作用。

每学期期末，尚庄小学都对优秀家长、优秀家庭、优秀学生给予图书奖励。在此基础上，学校每学期都要到农家书房录像，并制成专题片。李景艳同学的家长说："对孩子成长的投入，我自己觉得很到位，但看了专题片上的书房，感觉自己做得还不够，专题片让我看到了差距。"

农家书房专题片中的一些镜头让人们惊叹不已。那完全是孩子的乐园，里面不仅有丰富的书籍，而且有孩子的设计、书法、绘画、剪纸等作品。这让众多家长看到了孩子们多才多艺的表现，看到了农家书房的魅力。

建设农家书房帮助学生养成了良好的学习习惯、行为习惯和生活习惯。看到孩子的变化，家长很高兴。洛阳市教育局副局长韩经权对尚庄小学的实践予以高度评价，认为"家校联动的平台与机制，推动了学习型家庭的建设"。

一校双用：让家校成为一体化动车组

有人说，尚庄小学为什么能成功？因为他们走的是典型的一校双用之路，即学校既是普通义务教育学校，又是家长学校。

"家长好好学习，学生天天向上。"这是写在尚庄小学正门围墙上的12个大字，也是学校的核心办学理念之一。学校明确提出："让家庭成为学校，让家长成为老师。"

您的孩子孝敬父母、礼貌待人吗？您的孩子自己的事情能自己做吗？您的孩子经常向您谈到学校的哪些问题，喜欢什么，不喜欢什么？您对学校管理是否满意，有哪些合理化建议？您对新课程改革有什么合理化建议？……

尚庄小学每个月都要向每位学生的家长发一份"家校沟通桥"的材料。材料主要有4项内容：反映学生一个月在校的真实情况，向家长汇报学校工作，为家长提供教育孩子的方法，让家长给学校提建议。给学校的建议被采纳后，家长还能受到表彰。学校每两个月开办一次家长课堂，教师们面向全体家长公开授课。学校还把一些成功的家教经验和一些失误的家教案例制作成光盘，发放到每家每户，使科学的家教理念深入广大家长心中。

尚庄小学的学生家长到校观摩教学是经常性的。观摩教学时，各班教室里都坐满了兴奋的家长，他们认真观察着孩子的一举一动，时而为自己孩子的大胆发言而高兴，时而为他人精彩的表现而鼓掌，时而为孩子没被挑中而惋惜……每学期，尚庄小学都会邀请家长来观摩学生综合评价。学校针对学生的日常行为，设置了33项技能之星。创星台与评比榜把学生的综合表现通过红星的数量进行外显，使每个学生身上所拥有的各种优点和潜质，都能得到激励和赏识，使每个学生都能昂起头来走路。如今红星成了尚庄小学的"精神流通币"，广大家长更加关注学生综合素质的提升。

在尚庄小学，期末考试时，在教室监考的不仅有教师而且有学生家长。学校图书室不仅有孩子们喜欢看的书，也有农村实用技术类的书；不仅对学生开放，还对全体学生家长开放……

尚庄小学不仅培训家长，而且大力表彰优秀家长。该校评选优秀家长的标准有5条：第一，能积极参加家长学校学习；第二，能积极配合学校的争星创星活动，注重子女综合素质的提升；第三，有较好的道德修养，能为孩子做出良好示范；第四，有正确的教育观念和科学的教育方法；第五，有创新意识和创新精神，不仅做好自家工作，还能给学校工作提出智慧性的意见或建议。

为便于操作,学校还规定了成为优秀家长候选人的条件:一是参加家长课程学习,成绩优秀者;二是家访中发现的进步较大的家长;三是孩子成为名校学生的家长;四是家校沟通,给学校提出合理化建议者;五是积极响应,配合学校工作者。具备以上5条中的任何一条,就可以成为优秀家长候选人。

年度综合表彰是该校的一件大事,是村干部、全体家长、全体师生一同参加的盛典,也加速了家校一体化进程。

奖励优秀家庭和"四好一优"家长是年度表彰会的重要内容。优秀家庭的标准是"孩子优秀,家长智慧","四好一优"是指好爸爸、好妈妈、好爷爷、好奶奶以及优秀农家书房。表彰的奖品一般是记录学生家校生活的光碟及家长喜爱的图书。

村小新挑战:保障乡村少年人格精神健全发展

湖南师范大学教授刘铁芳在论述乡村教育的文化缺失时指出,青壮年劳力外出谋生,年长者被以经济为中心的乡村社会边缘化,导致乡村文化主体的缺席、乡村文化空心化。传统乡村文化渐渐远去,年幼的人得不到文化的滋养。这种现象让张营校长为自己提出了一种使命——乡村文化破碎背景下农村小学所应承担的新使命。

为探寻乡村少年精神与人格健全发展的根本出路,尚庄小学注重引导孩子们珍视个人乡村生活与成长的经历,引导孩子们去积极发现并感受乡村环境与生活中的美好,引导孩子们珍爱朴实的乡村情感。

在尚庄小学学生日记集《雏燕》中,多数同学都流露出这样的情感、态度、价值观。

武景飞在其日记《爷爷的爱》中这样写道:

爸爸妈妈都去外地打工了，只有我和爷爷在家。每天晚上，为了给我盖被子，爷爷要起来好几回，整夜睡不好觉，而且第二天还得一早起来做饭……

一天，爸爸妈妈回来了，带了很多好吃的。看到久违的爸爸妈妈，我哭了起来。我现在还纳闷，一贯坚强的我怎么会哭了？妈妈拍拍我安慰说："不哭了，去给爷爷送点好吃的。"我擦擦泪，把最多的一袋给了爷爷。过了好多天，我的东西吃完了。一天，我去上学时，爷爷喊着我的小名："小蛋儿，来来来。"我跑了过去，爷爷给了我一个苹果、一个梨让我吃。我赶忙推辞："爷爷你吃吧！"爷爷说什么也不吃，最后我拗不过爷爷，只好拿着苹果和梨上学去了。就这样，爷爷每天都给我塞好吃的，最后，爸妈带回来的好吃的还是让我给吃完了，爷爷没吃一口……

武洁琼同学在其日记《父爱》中这样写道：

因为我要代表学校到县里参加绘画比赛，爸爸骑摩托车带我到镇上去买质量最好的彩笔。我们回家的路上，迎面来了辆大卡车，爸爸避让不及，我们连人带车掉进了沟里。车重重地压在爸爸的腿上，他顾不上自己，忙抱起我问："乖乖，摔着哪了？"当他知道我没有摔伤，才去挽自己的裤腿。猛然间，我看见爸爸的腿被排气管烧伤了一大片，我哭着说："爸，都怪我，我不该让你去买彩笔。"爸爸若无其事地说："孩子，别怪自己，爸爸没事，只要你能画出好成绩，爸爸即使受点伤也是高兴的。"

廉丽是五头镇第一中学教师，虽然她在镇上上班，但她的女儿却在尚庄小学上学。她在《给校长的一封信》中这样写道：

每当周日下午去尚庄小学时,女儿都会兴奋地整理好书包,高高兴兴地坐上摩托车,从来没有说过"不想去",每次都急不可待!

女儿到尚庄小学上学后,好习惯越来越多。她用的铅笔剩下一寸来长还舍不得扔,本子正反两面都写还不乱撕……只要看到地上有废纸、塑料袋或瓜果皮,她就会跑过去捡起来,送到垃圾桶里。

周末,女儿还会把为我留的好吃的东西捎回来。有一天,女儿一进门就喊:"妈妈,你猜我给你捎了什么好吃的东西?"她背着手,显然是拿着什么。原来是一个小塑料袋,里面装着七八块牙签肉,已经为我留了3天了!虽然她特别想吃,但能忍着捎回来,还说"留给妈妈的,就得留着"。

女儿越来越多的行为品质感动着我,这与学校的教育密不可分。真心感谢学校!感谢张校长!

廉丽对尚庄小学的感受和评价,道出了众多学生家长的心声。在众多村民心中,尚庄小学和张营"真了不起"。正因为如此,尚庄小学不仅吸引着周围村镇的家长,甚至有几位洛阳市的家长慕名把孩子从繁华都市送到这个偏僻村小。作为一个乡村小学,尚庄小学真算得上一个传奇。

村小如何办大教育

农村小学怎么办？农村学校如何成为乡村文明的策源地？河南省辉县市同济学校的探索引人深思。

同济学校原名四路口小学，2010年3月，辉县市教育局决定派张青娥去担任校长，学校也同时改名为"同济学校"。张青娥到任先搞了一个月的摸底调研。一个月的摸底调研之后，面对学校处在城乡接合部，这里正在搞新农村建设的现实，学校提出：要成为建设新农村生活的中心，构建学校、家庭、社会三结合教育体系，积极践行陶行知先生"教学做合一"的教育思想。张青娥说："我们要办真正的三结合大教育，育真正全面发展的大写人，使孩子们幸福生活、快乐成长。"

修身屋+烧饼课

修身屋是同济学校的一个无人看管超市。这是受心理学家糖果诱惑实验的启发，为了让同济学子从小能抵挡得住物质与金钱的诱惑而开辟的实践型德育课堂。修身屋里并排放着日常学习用品、精选图书以及从一角到一元不等的零钱若干，一切物品明码标价（非营利性服务），学生自行选购，自找零钱，给学生一个理财、修身的实践课堂。

同济学校将《弟子规》作为校本德育课程，从习惯入手，拉开了养成教育的序幕。学校换下了让孩子们感到遥远的名人语录牌，取而代之具有实际操作内涵的"六爱"学校标语。即：手脸干净、衣着整洁、举止文明、待人有礼，就是爱己；上课专心，按时、按质、按量完成作业，就是爱师；从小养成主动做家务、不买零食的好习惯，就是爱家；始终保持地面干净、桌凳整齐、窗明几净，就是爱班；讲普通话，路队整齐，歌声嘹亮，就是爱校；字正腔圆读好书，一笔一画写好汉字，就是爱国。这样，"六爱"大目标与日常小行为紧密结合在一起，既志存高远又路在脚下，让小学生看得见摸得着。

在此基础上，学校在大门口专门设立"整容镜"，要求学生进一步做到：面必净、发必理、衣必整、纽必结，头容正、肩容平、胸容宽、背容直，颜色宜和、宜静、宜庄，气色勿傲、勿暴、勿怠。

善于开发教育资源，是张青娥的长项。走进同济学校的教室，地面上画有一道道横平竖直的黄线，是用来规范桌凳摆放的；课桌上绘有一个个"长有翅膀的小房子"，是用来规范学生的读书、写字姿势的。每当读书时，孩子们便会齐刷刷地将书放在"屋脊"上，小胳膊放在"翅膀"上，头正、身直、脚平，整齐划一。写字时，孩子们则会把本子放在"房子"内，就连课桌斗内也喷有"书""文具""作业本"字样，用来规范学生物品分类摆放。

为了给班级起一个既能代表年级又有文化内涵，特别是具有励志性的班名，各班老师带领学生查字典、览网页、抒高见……最终，同济学校创新了班名：一年级有两个班，分别叫一流班和一鸣班，寓意是勇争第一和一鸣惊人；二年级一个班叫二全班，寓意德才兼备、两全其美；三年级一个班叫三思班，寓意三思后行；四年级一个班叫四方班，寓意好儿女志在四方；五年级一个班命名为五彩班，寓意素质教育五彩缤纷；六年级一个班名为六科班，寓意六科及第、顺利升级。

劳动节前夕，张青娥校长决定以"打烧饼"为内容，让学生别开生面地过劳动节。学校请三年级学生家长牛芙蓉讲述打烧饼的辛苦过程以及卖烧饼供全家生活和两个学生（其中一个是大学生）上学的故事，然后让学生亲手做一做，亲口尝一尝，亲自卖一卖，最后以亲身感受写一写"烧饼"。经过这次活动，学生对劳动、粮食、花钱、穿衣、学习、尊老爱幼等问题有了更深认识。活动效果非常好，开启了学生们的心智。四方班学生崔舒鑫说："过去我跟妈妈要钱时，理直气壮，稍有迟疑，就大发脾气，太不应该了！"三思班学生李晓雅说："听了阿姨的讲述，感受到父母的艰辛，我们一定要珍惜每一粒米、每一滴水和每一张纸。"

创新坊＋游学课

在同济学校，每个教室后面的黑板上方都挂有一个嘀嗒运转的钟表。这可是学生亲手制作的，废油漆桶盖做表盘，废水笔芯当指针，水彩笔写画数字与刻度线……这些都得益于学校"花最少的钱，办最好的教育"的发展理念。

"人生两个宝，双手与大脑，用脑不用手，快要被打倒。用手不用脑，饭也吃不饱。手脑都会用，才是开天辟地的大好佬。"教育家陶行知的小诗让张青娥深受启发。她想，为何不搞个"科学启蒙制作室"呢？既能让学生手脑并用，又可以打破单纯课堂讲解的呆板。于是，学校决定把一个旧自行车棚改造成"创新坊"，由副校长郭振广组成一个班子，动员学生收集一些旧台灯、废电池、旧电线、木板边等废旧物品，并让学生定期参加活动。

很快，创新坊办成了三件事：一是人人会自制风筝。由班主任及语文老师动员学生备料，老师教学生做风筝，比赛放风筝，最后由语文老师组织学生写"风筝"主题作文。二是师生自己动手利用"旧废料"制作永远转动的教室钟表、教室LED节能电棒以及节能美观的小台灯。三是学校出现了电子屏幕、墙壁、门帘、花草、黑板都能"张口说话"的灵活育人环境，就连简陋粗糙的地面都喷染成了练书法用的"纸张"……

为了能让学生在广阔的社会生活中快乐地学习，同济学校还开发了游学课：儿童节去百泉绿色农庄体验采摘，体验劳动生活的乐趣；重阳节走进孟庄敬老院；选择学校附近的苏门山作为游戏基地，带领学生来这里集体游玩。

游学课不仅让学生喜爱，而且也让老师受益。张青娥认为，学校有责任帮助老师开阔眼界、拓展知识、提升文化素养。一年中，学校组织了3次教师参访活动：全体教师到南乐县的仓颉陵和安阳的中国文字博物馆参观，学习了民族文字产生的历程，知晓当代文字的发展概况和方向，认识与文字传播有关的诸如造纸、印刷技术，领略电脑和各种虚拟手段的神奇；全体老师和部分家长到新安县考察学习豫派教育示范学校尚庄小学的教学改革，激发了老师和家长参与教改的积极性；学校课题组老师到淮阳县的太昊陵和鹿邑县的老子故里游学"寻道"，大家不仅对教育之"道"有了感性认识，而且有了理性认识，更被中国远古文明和传统文化的博大精深所震撼。

打造乡村文明策源地

在系统性地开办家长学校的同时，同济学校实行全员家访。

"老师，老师，小潘要跳楼！"我吓得赶忙跑到教室，只见小潘两眼血红血红的，脖子上青筋暴起，体育老师抓着他的胳膊。他又蹦又叫："不活了，我必须得从这儿跳下去。"双手死命地扒着栏杆。我和数学老师又是哄又是劝，他不仅不听，还破口大骂，谁说也无济于事。我只好给他妈妈打电话让妈妈先把他领走。经调查，原来是小潘和同桌发生矛盾，自己吃了亏，非要跳楼。

这是王伟伟老师教育案例中的一段话。案例中的小潘是个老大难，成绩中等，自尊心极强，性格孤僻，心胸狭隘，脾气暴躁，不会和同学相处，小学二年级的时候就曾拿着刀要和妈妈拼命。

张校长和王老师家访时发现，小潘一家三口就住在防疫站门岗的一间房子里。爸爸在防疫站看大门，妈妈在大门口摆了一个小摊儿。"这孩子快把我们给气死了，动不动就说我和他爸爸没本事、没用……一点儿都不听话，整天看电视，不让他看，他偏要看……"小潘的妈妈谈到儿子时竟哭了起来。

张校长建议家长少看电视："你们家客厅、卧室都是这一间房，孩子从小就跟着大人看成人节目，嫌贫爱富，情情爱爱，一些成人的思维、观点占据了他的头脑……"

家校配合以及真诚的关爱逐渐让小潘发生了变化。不仅偏执的性格有了很大的转变，和同学的关系日渐融洽，学习成绩也越来越好。在六年级毕业考试中，他考出了全班第二名的好成绩。

在六年级毕业生离校仪式上，小潘的妈妈哽咽着说："儿子上了六年小学，我几乎哭了六年。前五年流的是担心的泪，最后一年流的是高兴的泪、感动的泪。"她说永远也忘不了同济学校的校长和老师，是他们通过神奇的家校结合，挽救了儿子，改变了儿子，并使儿子考上了理想的初中。

如果说家庭教育是学校教育的根，那么社会教育则是学校教育的延伸。同济学校附近有一片杨树林，林中虽有健身器材，但周围堆满了各种垃圾，很不雅观。学校组织全体老师利用课余时间，清除垃圾，平整土地，划定跑道，铺上沙土，完善程度要能够达到满足学校体育教学的需要。同时，挖掘、整理辉县厚重的历史文化，将辉县的历史、地理、人文等知识辑录成篇，制作了40余个水泥宣传板面，竖立道旁林边，让杨树林真正成为附近居民的休闲苑。

一个暑假，同济学校在当地村委会的支持下，着手打造学校门前的教育文化一条街，在256米长的道路上摆开了战场。老师们抹水泥、刷涂料、精选内容，请行家书写。先是在路口当街挂起了"尊师重教，子贵村荣"的横幅，接着，教育理念篇、行知教育篇、家庭教育篇、社会教育篇、尊老敬老篇、礼仪教育篇、健康教育篇、名人语录篇、劝学篇、惜时篇等十篇共计88块宣传板面相继呈现。教育文化一条街成为一道亮丽的风景线，过往的行人无不专注品读，夜间也不时有人在灯下玩味。"大街两旁板面制成以后，一年多来，几乎没有再出现过乱贴小广告的现象。社区文化催人向善、向美、向学、向上的功效，由此可见一斑。"张青娥说。

赵彬渊：请苏霍姆林斯基一起做校长

他是一位民办教师出身中学校长；他擅长改造薄弱学校，他的学校专收被其他学校开除的"问题生"，被戏称为"垃圾收购站"；他的班主任争着要"问题生"，教师们都争着当班主任，虽然班主任月津贴寥寥无几；他的学校吸引了周围9个市县20多个乡镇的学生就读，外地学生占学生总数的1/4还多；他的学校基本上没什么制度，其办学经验被众多的参观学习者认为是不可学习的；他不怕得罪领导公开抵制考试排队；他认为作为领导不能对所有人一视同仁……

河南省辉县市拍石头乡位于太行山深处，拍石头中学是全乡唯一的一所初中。赵彬渊曾任拍石头乡教育组组长兼拍石头中学校长。赵校长主持工作时，拍石头中学的教师主要是民办教师和中师刚毕业的年轻教师，师资力量差、基础设施差、生源差、教育教学质量差、社会形象差，是名副其实的薄弱学校。

教师发展第一

赵校长认为，教师发展第一，应该是校长坚定不移的理念。一个好校长的标志就在于，他的教师整体发展快，教师中不断出优秀教师、出名师。他说："我理想中的学校，是苏霍姆林斯基的帕夫雷什中学。因为这个学校不是一个只使教师出苦力，只讲'奉献'的学校，而是一个'高级教师进修学院'。"

在赵校长看来，教书的人不读书是不可思议的。中小学教师不怎么读书是中国教育的一大怪现象。他把这种现象比喻为"思想上的铁锈病"。但当时学校的现实是，教师普遍没有订报刊、买书籍的兴趣，全校几十位教师没有一份属于个人的报刊。教师们工作之余，多是通过打扑克、看电视来消磨时间。为了激励教师学习，他在学校启动了一项读书工程。

他把自己多年学习教育理论的读书笔记，尤其是摘录苏霍姆林斯基、杜威、陶行知、小原国芳等教育家有关论述的读书笔记以及自己撰写的教育随感，借给一些青年教师，让他们读。一天，他把两名青年教师请到办公室，郑重其事地拿出自己摘录的笔记说："里面的内容是我很看重的，先借给你们俩看，别人最好别看。"两位教师对校长的器重和信任非常感动，他们很投入地把这些教育家的教育思想钻研了一番。从此，赵校长就经常邀他们散步，探讨教育家的思想，讨论教育教学改革问题。这两位教师也很快成了学校的骨干。赵校长采用同样的办法，在班主任中间推行自己的教育理念。

郜运安老师说："赵校长喜欢邀青年教师散步，和我们探讨教育问题。但有一段时间，我们都害怕和他一起散步，主要是因为我们读的书少，对教育问题缺乏深入的思考，跟不上赵校长的话。不仅害怕和他一起散步，而且害怕跟他一起吃饭，甚至出差都担心和他住在一个房间。总之一句话，跟着他干，你不学习根本不行。"

抵制考试排队

赵校长主张，从时间和空间上最大限度地解放教师，让教师从烦琐的事务中解脱出来，从众多的不必要的制度中解放出来，从各种计划、总结、统计、报表中解放出来，从思想禁锢中解放出来。

赵彬渊被调到以"乱"闻名的辉县市常村镇第二中学主持工作时，常村镇和不少地方一样，中小学每学期都要进行统一考试。同年级、同学科的教师要按照所教学生的考试成绩排队，考试成绩和教师的各种利益挂钩。考试排队导致的后果非常严重，教师间相互封闭、关系紧张，教学研究开展不起来。教师甚至把自己搞到的外地试卷用完后烧掉，目的是为了不让同事看到自己用过的材料。为了提高考试成绩，教师往往不择手段，体罚成绩差的学生成了司空见惯的事情，教师引导学生作弊也成了公开的秘密。师生关系紧张、学生流失严重，用赵校长的话说是"整个学校没有一点教育性了"。

学期末，统一考试的时间快到了。镇教育组通知学校，要求学校安排教师和其他学校轮换监考。赵校长明确表示，二中不参加镇里组织的统一考试，也不派教师到外学校监考。镇教育组组长亲自打电话也没能说服赵校长。虽然镇里对赵彬渊的做法非常恼火，但教师们对这位出人意料的新校长却敬佩不已。赵校长摧毁了多年来的考试排队制度，一下子解放了教师。

反对一视同仁

多年来，能一视同仁地对待"群众"，似乎成了领导者品德优良的一种标志。但在赵校长看来，这种标志是小农意识中的平均主义的反映，是计划经济体制下形成的"大锅饭"主义的反映。他说："最有区别的是人，平均地对待绝对有区别的人，这是一种典型的主观与客观对立，是不承认客观现实和不尊重人才的思想方法。"所以，他反其道而行之，大张旗鼓地宣告："人是绝对不一样的，必须区别对待。做领导工作，一定要'看人下菜',一定不要一视同仁。这才是实事求是,是真正的具体问题具体分析。"

让优秀教师优先发展的做法,开始时也引起其他教师的非议,但优先发展的教师总能在教学改革、班级管理、课题研究等方面很快地成为其他教师的榜样,很快地成为骨干力量。

不可学习的管理

赵彬渊担任拍石头中学校长后,学校的影响越来越大。外乡、外县、外市到这个穷乡僻壤里的拍石头中学就读的学生逐年增多,到赵校长调离拍石头中学前,周围鹤壁、安阳、卫辉、林州等9个市县20多个乡镇的300多名学生在此就读,占学生总数的1/4还多。学校被新乡市定为"校长培训定点参观学校",来拍石头中学学习的省内外的考察者接连不断,但不少考察者认为,该校的管理没有模式,赵校长的管理经验是不可学习的。

思想领导高于行政领导

赵校长每次召开全体教师会议,一般不讲学校里的具体事务,尽是讲些教育思想、教育形势等"大道理"。开始,教师们很不适应,认为这是给他们"上政治课"。但时间久了,越来越多的教师听得上了瘾。

学校管理的本质是教育思想的管理,这是赵校长最信奉的基本理念之一。他每次给校长班上课,都要首先讲这个理念。他经常引用苏霍姆林斯基的那句话:"领导学校,首先是教育思想的领导,其次才是行政的领导。"

铁一般的生活规律

赵彬渊在拍石头中学当了14年的校长，他每天生活的内容大体上是这样的：早上4：40左右，开灯，披衣，坐起，拿来准备好的笔和日记本，立即写昨天的日记。到学校起床钟响时，写完日记，立即跑操。（学校没有大操场，师生跑操都在校外的公路上）路程约3公里，和师生一起跑回学校。洗漱后，站在校园当中看看早自习的情况。早自习钟响后，立即走进办公室写一篇教育随感。早饭、午睡后，在校园中踱踱步。白天的时间，与学校有关领导谈话、处理事务、接见来访的家长，接着就是听课、评课或备课、讲课。晚饭后，到各教室转转，如果时间允许，会在某个班讲几分钟他认为要紧的话，或是简单说一些轻松的话题。晚自习时间，有时他会和某个班主任一起把这个班的自习变成活动，或演讲，或辩论，或文艺欣赏……更多的情况下，他会在晚自习时间和学校领导议议当天的事情、找一些业务骨干谈谈教研教改方面的情况，或是看报、读书。晚自习之后，他喜欢约几个青年教师到山间公路上散步，有时候竟能走出三四公里，这是他最大的乐趣。睡觉前总要看几页书，不然就不容易入睡。到常村二中后，又增加了一项内容：每天早上5点钟，站在学校大门口，迎接陆续来学校的孩子们，并向每一个孩子问好。

他认为，好的校长，在学校的每一天的生活都是很有规律的，最好的佐证就是大教育家苏霍姆林斯基，他的生活就是这样几十年如一日地有铁的规律。

班主任争着要"问题学生"

随着拍石头中学知名度的不断提高，外地转来的学生越来越多，这些学生绝大多数是被学校开除的"问题生"。当时，有人称拍石头中学是"垃圾收购站"。然而，拍石头中学的班主任却争着要这些"垃圾"。因为，在赵校长的引导下，班主任都把学生当作"一个宏大的世界"来研究，都把改造"问题生"当作一种具有研究性质的乐趣。

年轻的张文学老师在学年度的班主任总结中写道："上学年真糟糕，全班没有一个捣蛋、调皮的学生，都是听话型的，使我少学了很多东西。现在这个班有意思，好几个男生的个子比我还高，班上情况复杂，什么性格的学生都有，尤其是刚转来的3个学生都很特殊。这个班有研究不完的教育现象，这是我提高教育能力和管理水平、丰富教育思想的好机会。"

赵校长到常村二中后，每天早上5点钟准时站在学校大门口，迎接那些陆续到校早读的走读生，并向他们问好或微笑致意。时间长了，全校师生都养成了碰面时满脸笑意、相互问好的良好习惯。

赵校长在听课的过程中观察到，上课、下课老师与学生互致问候时，学生声音洪亮，但有些教师在学生向自己问好后，并不是真诚地鞠躬还礼，只是微微点头示意甚至只是简单地打个手势。为此，赵校长在教师会上专门谈道："育人要以尊重人为前提。这种现象看似是小事，实则说明了教师还没有真正意识到学生是和自己一样的需要得到尊重的人。学生不仅是我们教育的对象，更是我们的职业所系，是我们工作中的主人。从某种程度上说，我们吃的是学生饭，学生是我们的衣食父母，学生是我们的服务对象。"

在赵校长看来，我国中小学教育最大的弊端之一是学校生活的单调和枯燥。备课——上课——批作业——考试——成绩排队——备课……教师缺少生活的情趣，缺少创造的灵性，缺少对学生、对学校的热情。而教师本应该是精神生活最丰富的人。

为了丰富教师的精神世界，赵校长积极引导教师读书。他辗转在高校图书馆和省图书馆先后借到30多种市场上不容易买到的书籍。他不是私下把借来的书直接分发给教师，而是召开全体教师会，隆重地举行发书仪式，先拿一部分给骨干教师，并要求他们写出读书笔记。一段时间后，再举行仪式，把更多的书分发到更多的教师手中。

逐渐地，学校教师中形成了积极学习教育理论的风气。如果谁不读苏霍姆林斯基的书、不读陶行知的书、不读魏书生的书，就会在教师中"低人一等"。赵校长在引导教师读书的同时，还鼓励人人写读书笔记和教育随感，并定期交流。学校提供笔记本，写完了可以随时领。

最痛恨形式主义的德育

一天，从拍石头中学调到辉县市第二职业高中的郭新海老师在校长办公室汇报工作时，无意间通过窗户看到教学楼一侧的一个水龙头一直在流水，经过的学生虽然很多却没有人去关。校长想知道到底有没有学生去关，就通过窗户远远地看着。过了一会儿，一位经过的男学生把水龙头关了。校长好奇这位学生是谁，郭老师说，这学生肯定是从拍石头中学毕业的。校长不相信，就和郭老师打了个赌。把学生叫来仔细一问，果然是拍石头的学生。

这件事曾被教育局的领导在不同的会议上多次提起。这也是赵彬渊校长和他的教师们引以为自豪的一件事。

德育要生活化，要从"近、亲、实、小"做起，这是赵校长的主张。学校的德育内容中有一项是"三个轻轻"：说话轻轻——与人交谈不喧哗，迎客送友温而雅，学习讨论不扰人，师长问话恭且亲。走路轻轻——上下楼梯脚放轻，不追不跑靠右行，列队做操快齐静，坐立行走体态正。举止轻轻——游戏活动不吵闹，收拾文具静悄悄，用物还原无碰撞，打扫卫生轻不慌。

赵校长认为，形式主义是学校德育低效的症结。有些所谓爱国主义教育活动甚至弊大于利。比如某些爱国主义主题班会，流行的做法是，提前安排好发言人，准备好发言稿，发言人自然是班上那些口才较好的学生，发言的内容多是列举古今中外爱国人物。发言者慷慨激昂，都能博得掌声。如中间再穿插些文艺节目，气氛就更热烈。这样的爱国主义教育不是"教育孩子去爱国，而是教育孩子去喊爱国"，让青少年从小就学会"根据形势需要发表演说"。他说："苏霍姆林斯基强调，当学生对某一词语的内涵还没有真实感受的时候，就千万不要让他用自己的嘴巴把这个词喊出来。他特别强调，在学校里要'珍惜词句'。这是值得我们认真反思的。"

赵校长认为，德育的最根本途径是全体学生的自我教育，自我教育的关键在于学生的情感体验。只有使学生不断地进行适宜的情感体验，其道德品质才能不断升华。

关于德育，拍石头中学有这样两件事。

一个学生生病了，在学校越来越重，家长便要孩子先回家。当时任班主任的刘光华老师护送他。孩子家住新乡市北站区李士屯村，从拍石头到辉县再到新乡，由于病得厉害再加上晕车，孩子浑身发抖、呕吐不止。在新乡下了车，刘老师便背着他走。背一会儿，休息一会儿，刘老师的汗水和孩子的泪水混合在一起，8公里的路足足走了4个小时。这件事在当地成了新闻，被群众广为传诵。

三年级一班的小枝同学得了癌症，病危期间同学们不断到家看望她。她二年级和三年级的同班同学自发买了水果、鲜花等礼品，和班主任张红军、姬爱军一起到小枝家里看望。当他们走到离小枝家还有1公里的一个山村时，听说小枝已经离开了人世。同学们的心一下子凉了，反应过来时，几个女同学早已泣不成声。经过一番考虑，同学们要求前去吊唁。在小枝家中，在向小枝同学默哀时，同学们个个泪如泉涌，泪水滴湿了地面。悲伤的场面使班主任、村干部、村民和小枝的家长都说不出话来。

赵校长说："这就是具体生动的德育课。"

把学校建成精神王国

学校的本质是精神的王国。这是苏霍姆林斯基的观点，也是赵彬渊校长最常说的一句话。他说："学校应该是一个精神丰富、思想先进、追求真理、尊重人权的精神王国，应该能占据人的心灵，在精神上强于教堂、胜过布道士，应该是新文化的策源地。学校最怕的是思想贫乏、精神空虚。"

目前在拍石头中学主持工作的刘校长，以前是赵校长的助手。他对赵校长工作的评价是"人格＋情感＋活动，带给师生一种丰富的精神生活，让教师享受到职业的幸福"。他说："当年赵校长在拍石头中学时，我是一名民办教师，当时我每月的工资是 110 元，班主任津贴每月是 8 元，后来增加到了 12 元。每月就这点钱还经常拖欠，但我和其他教师一样激情飞扬。当时，我们上课没有课时补贴，大家都干得热火朝天。新乡市一所中学的课时补贴是 30 元，但教师仍不愿意多上课。这所中学和我们学校成为友好学校后，每年都有教师来我们学校体验生活。"

注重教师精神建设、引导教师读书的同时，赵校长也注重学生精神和情感的保护和塑造，他提出了"让每一个学生都抬起头走路"的办学理念。

郜运安老师很善于落实"让每一个学生都抬起头走路"的理念。每学期，郜老师都会在自己的班召开家长会。从他的工作日记中可以得见一次家长会的情况：会议由一个女学生主持。第一项内容是学生代表向家长汇报情况。先由班长代表班主任向家长作总的情况汇报，接着是 11

个学生分别代表11类同学向家长汇报他们的成长和进步情况。每一个学生都至少受到了一次表扬,却没有一个受批评的。第二项内容是学生家长代表发言。第三项内容是赵校长讲"关于家庭教育的几个问题"。最后是学生自由向家长提问。整个过程形式活泼、气氛热烈,学生和家长都很满意,尤其是那些"问题生"受到表扬,感到了从未有过的扬眉吐气。他们的家长听到自己的孩子有那么多的优点,真是百感交集。

李二勇是从拍石头中学毕业的,虽然已经大学毕业了,但每年放假,他都会和拍石头中学毕业的校友一起到赵校长和班主任家里坐坐。有一年,他还给母校的学生做了一场报告。李二勇说:"赵校长在拍石头工作时,每到元旦,总有已经参加工作的学生,重新回到母校和师生们一起联欢。"在被问到对拍石头中学的感情时,他写了这样一段话:"年老的海明威曾这样回忆巴黎:假如你有幸年轻时在巴黎生活过,那么你不论去到哪里,她都与你同在,因为巴黎是一个流动的圣节。对我来说,拍石头中学就是一个流动的圣节。"

附

传声筒式校长时代何时终结

赵彬渊给人最突出的印象有三:激情、好学和无畏。

他对教育有超常的激情。从1984年开始主持学校工作起,他干了20多年的校长。20多年,尤其是在拍石头主持工作的14年里,他每天早上4:40左右起床,写教育观察日记、和师生一起跑操、上课、听课、评课、和教师谈话、接待来访家长……晚自习后,和青年教师一起散步,谈谈教研、教改方面的情况,睡觉前总要看书,不然就不容易入睡……

他是民办教师出身的校长。读书尤其是读教育名著是他的一种生活方式,并且他每天必写读书笔记或教育观察日记。曾在河南师范大学教育系工作、华东师范大学博士李醒东是他的校长助理。李醒东的评价是:

曾经被称为王疯子

王红顺经常对教师们说的一句话是:"读书是最好的精神化妆,读书是最高档的身心保健。"

王红顺是民办教师出身,因为成绩突出而被任命为校长。在三乡二中当校长的王红顺被调到柳泉镇中心学校当业务副校长后,他的工作范围更是从一所初中扩大到了几十所初中和小学。

刚到柳泉工作时,不少教师都叫他"王疯子"。"'王疯子又来了,不知道今天又发什么神经。'一开始经常有教师发这样的牢骚。因为他一来,教师们平静、慵懒、缺乏追求的生活被打破了,教师们一开始的感受就是不舒服又不得不做。但当他回到三乡时,柳泉镇的校长和教师都很怀念他。"曾经在柳泉一中教书、目前在宜阳县城关镇中学工作的李作朝老师这样说。

李作朝是一个爱读书的老师,他在自己的办公室兼住室里搞了一个小书房,书房的名字叫鸣鹤斋。"鸣鹤斋"三个字的旁边还有一句话:"鸿鹄起雀巢,不坠青云志。"但同事们一进他的住室,看到他的小书房,就反感。他们觉得他清高、狂傲,都不愿意和他交流。"为了改变这种状况,我也慢慢抽起了烟、喝起了酒、打起了麻将。"李老师说。

王红顺在调研中发现李作朝有发展潜力,就经常找他谈话。"王校长对我最大的帮助就是培养和开发了我。他对我说:'你很可惜,你这样懒散下去没什么出息,要多看书,看书要专一……'他为我开了一个书目,把自己的书和外出培训的笔记交给我让我读。我看完书,还要给他汇报,哪里不行还要再读。"李作朝说。

随着读书增多,李作朝成了王红顺教育研究中一个不可或缺的同伴。两个人晚上经常看书、讨论到深夜。一个偶然的机会,王红顺拿到了一本《综合实践活动课程实施纲要（讨论稿）》，于是，俩人开始了对综合实践活动的深入研究。"我们对这个纲要进行了一字一句地推敲，书画烂了，再用胶布粘上。我们觉得，这个经过专家讨论的纲要很粗糙，里边问题很多，最大的问题是各板块之间的冲突。所以，我俩准备写一本书，对综合实践活动进行实践性解读。"李作朝说，"那一段时间的晚上，我总到他的办公室，他说，我写。有时我们也吵，也争论，但争论的结果往往是彼此得到了启发。一天晚上，我们俩不知不觉讨论到凌晨两点。我走时，他说当天上午要去教育局交材料，如果我起得早，就叫他。第二天一早，我来到他的住室，推开虚掩的门，发现他斜躺在床还没有醒，身上的衣服根本没有脱，雪花通过没有关严的窗户，飘落在他的头发和枕头上……"

后来，王红顺的妻子被检查出患有肾癌，在洛阳市第三人民医院做了手术。高额的手术费用，对于仅靠一个人工资支撑的四口之家来说，是一个可怕的数字。他背负的压力可想而知。那一段时间，王红顺既要在病床前照顾妻子，又要和李作朝等几位老师一起编写那本关于综合实践活动的书。李作朝说："他在医院时，经常是想到一个问题，就立刻用手机打给我们，不知不觉一打就是几十分钟。同一房间的病号和家属，因为他的电话内容既和妻子的病没关系，又让人听不懂，有时还影响别人休息，所以都对他有意见，认为他很不正常。"

王红顺对此似乎并没有太多的感受，令他感动的是柳泉镇各学校的校长和老师都自发到医院看望。"我知道，那么多的教师到医院来看望我的妻子，绝对不是因为我是中心学校的领导，所以我才感动。"

如今被称为王专家

王红顺在柳泉工作的两年多时间里，对全镇教师进行了系统的培训：

说课培训、幻灯片制作培训、课件制作培训、论文撰写培训、骨干教师培训等等。赵兴川老师说:"王校长身上有一种说不出来的激情,当时中心学校的领导和老师中,他是唯一一个吃住都在中心学校的人。他要求各学校的骨干教师利用晚上时间,每周两次到中心学校接受他的培训。他的培训都是讲座式、沙龙式的。培训后,他要求教师人人撰写论文,每个教师每学期至少写一篇。那时,很多老师都不会写论文。全镇几百个教师的论文,他每篇都看,每篇都改。他还把一些教师叫到办公室逐个进行指导。为了鼓励教师写论文,他还把修改后的优秀论文集结成书,发给大家。"宜阳县举行教师说课比赛,柳泉镇选派了3位教师参赛,结果3位教师都是一等奖。"看来,我们的培训还是有效的。"王红顺对这样的成绩很是欣慰。

王红顺不仅在柳泉镇的教师中有很高的威信,而且在市里、省里也有一定的影响。《洛阳日报》曾发过对他的专访,并先后两次刊发通讯宣传他的事迹。由于综合实践活动课题的原因,他多次和首都师范大学的陈书杰教授、河南省基础教研室的岳宇巅研究员、洛阳师范学院的马锦华教授等专家接触,并给他们留下了深刻的印象。陈书杰教授曾多次指导他的课题,并在一次全国教育重点课题研讨会上邀请他为大会做报告。会议代表称他为"王专家"。

王红顺被调回三乡后,继续做中心学校副校长。他到三乡后的第一项工作,就是到全乡各个中小学听课、调研。他在调研中发现,通识培训的面太小,很多教师根本没有机会参加,参加了培训的教师多不能贯彻新课改的理念。多次参加新课程培训、多次培训教师、参与综合实践活动和校本教研等课改课题研究的经历和对农村教育的热爱,以及"埋怨环境天昏地暗,改变自我天高地阔"的信念,使他萌发了进行农村课改义务培训的念头。

"专家的培训理论性太强,与一线教师有距离,缺乏对新课程理论的实践性解读。而我有能力做这件事，所以我要做！"王红顺说，"我在城市的课改实验区看到了城市孩子的变化，但对比农村的课改后，我感到痛心：农村不抓住课改的时机，农村的孩子就完了，但农村孩子也是祖国的花朵呀！课改的重点和难点都在农村，肯定有人要站在农村课改的风口浪尖上，与农村课改同呼吸共命运。我愿意做这样的人。我是一棵小草，我要通过自己纤弱的摇动，来摇醒农村课改的天空。我改变不了别人，我可以改变我自己；我改变不了大环境，我可以改变小环境。"

从三乡开始，王红顺先后在宜阳县的几个乡镇进行了培训。他的培训很受一线教师的欢迎，因为他能用农村教师生活中的事例来阐释深奥的课改理论，他还能给教师很多新鲜而实用的方法和窍门。他说："应试教育和新课改之间有一个空白地带，农村的课改培训必须要在这个空白地上带做文章。"

要做农村课改的义工

王红顺已经取得了研究生学历，获得了高级职称，还享受县政府的专家津贴，是省级骨干教师、省模范教师、洛阳市自学成才先进个人、宜阳县首批名校长。在别人看来，他"什么都有了"，那么还做这些"赔钱、搭工夫"的事干什么？

对此，王红顺有自己的理论："人的精神追求是无止境的。我是不在编的民办教师出身，现在取得了研究生学历，成了省骨干教师，国家为我付出了很大代价。我有义务指导教师成长。我虽然在经济上、时间上、甚至名誉上付出一些，但我无怨无悔。同时，我认为我搞的培训是双赢：通过培训，教师提高了课改的信心和能力；我也在和教师的交流中发现了更多的案例，每一次报告的过程都是我提高的过程，他们给了我丰富的研究课题。"

几次培训实践后,王红顺打算进一步完善自己的培训方案:围绕"课改背景下学校管理如何转型""农村学校如何进行校本教研""农村学校如何进行综合实践活动"等专题,实施菜单式的培训。他还有了一个新举措:把自己家里、办公室的电话和手机设为全国的农村课改热线,以便更好地和各农村实验区的同行进行交流,方便地为更多的农村学校解决一些实际问题。

如何完善学校内部治理结构

对话嘉宾：

高峰　北京市海淀区玉泉小学校长
张雷　江苏省昆山市前景教育集团董事长
张欣　河南省洛阳市第一高中校长
尧勇　广东省佛山市李伟强职业学校校长
张宏旭　河南省濮阳市油田第四高中校长
沈海夫　浙江省杭州市萧山区高桥初中校长
李志欣　山东省利津县北宋实验学校校长

方向、方案、方法，是学校改革发展的核心三要素。作为校长，您的方向明晰了吗？方案确定了吗？方法创新了吗？

在教育综合改革的背景下，如何完善学校内部治理结构、如何实现教师发展模式的转型、如何重塑家校教育格局等是学校教育品质提升绕不过去的核心问题。本文的一系列主题对话，意在明晰方向、调整方案、创新方法。

一个国家的教育改革步伐，必然少不了众多学校改革步伐的呼应。学校教育品质的提升离不开内部治理结构的完善。中小学完善内部治理结构必须从管理体制和机制入手，调整学校教育生产关系，解放教育生产力。究竟如何完善学校内部治理结构？本次对话约请相关校长深入探讨，以期协助更多的人提升认识、积极行动。

怎样理解学校内部治理结构

问题： 如何理解"完善学校内部治理结构"？关键要解决什么问题？

张雷： 我对学校内部治理结构的理解是，学校组织系统、决策系统、执行系统、监督系统、评价系统的制度及运行逻辑的布局设计，是一所学校的办学思想、文化价值的隐性表达，也是以教师、学生、家长为代表的各种办学力量在学校组织设计中的地位的直接呈现。

这里有两个关键问题，一是要解决学校办学自主权的问题。这对于公办学校尤为迫切，对于民办学校内部治理也十分关键。解决了这个问题，校长才可以探索更加适合教育本质的教师成长方式，为培养学生的创新精神和实践能力打下良好的组织基础。二是要解决学校的核心价值观问题。学校内部治理结构说到底反映的是学校是谁的、要培养什么样的人。这些基本价值观如果模糊不清，就会造成教育角色的偏差和错位。

张宏旭： 完善学校内部治理结构，主要是形成有效的管理体制和良好的运行机制。在管理体制方面，要对各种主体的责任、权力进行明确的定位，形成相互支撑、相互制衡、相互促进的内部结构。其中，有负责学校发展方向的决策机构，有负责落实的执行机构，有负责纠偏的监督机构，有代表教职工利益的民意机构，有负责方针、政策、法规在学校落实的党组织机构，这五个机构权责明确、相互制衡，才构成合理的学校管理体制。

运行机制包括制度和运行的程序。制度主要解决什么事能干、什么事不能干的问题，程序主要解决怎么干的问题。

沈海夫： 完善学校内部治理结构一方面在于提高执行力，另一方面在于提高监督层的认同感和归属感。学校中层只有两种选择：要么做"大气层"，把决策层战略的大部分热量都折射和损耗掉，要么做"放大镜"，把执行的光芒聚焦于一点。遵循"放大镜"原理是提高执行力的关键。在现实中，很多学校中层管理者的工作状态是"有管无理"，甚至"无管无理"。这个"理"是指"梳理"，没有"梳理"就没有反思，也就没有效率的提高。中层干部只有不断增强领悟力，时刻思索学校的战略目标、办学思路等，并将其与自身的工作重点、部门目标密切结合，才能使工作卓有成效。

李志欣：完善学校内部治理机构的关键是要真正落实校长负责制。《中华人民共和国教育法》规定，"学校的教学及其他行政管理，由校长负责"。然而实际情况却不尽人意。多数校长无法按照自己的教学理念去组建一套行政班子、学术班子。受体制的约束，学校副校长乃至中层干部的任命往往集中于上级的教育行政部门，这样校长就只能削足适履，即使不满意也无可奈何。

学校内部治理结构存在何种问题

问题：当前学校内部治理结构存在的主要问题有哪些？

张雷：中小学校内部治理结构普遍存在的问题主要有：第一，学校组织机构设计行政化，不能很好实现学校的办学思想和教育价值；第二，学校内部的决策、执行、监督系统的构建流于形式，不能各司其职，激发各方智慧；第三，教师的职业倦怠及学生厌学现象与学校内部治理结构直接相关，教师成长动力不足，培养学生的创新能力和实践能力的落实难度较大。

张宏旭：主要有两个问题：一是学校办学自主权的界定不具体、不明确。教育管理部门的行政干预严重削弱了学校的办学自主权。有时，学校由于不愿承担风险或承担风险的能力低而不愿意争取自己的办学自主权，甚至主动放弃本属于学校的权力，以图安全。二是校长负责制落实不到位。现在无论什么工作，校长都是第一责任人。可是，校长到底有什么权力，既不明确，又不具体，由此出现了极端现象。有权威的校长，权力过大，甚至失去了监督和约束；而新入职的校长或弱势的校长，甚至没有办法行使自己的权力。在人事安排、收入分配方面，校长也不具备真正的权力。

沈海夫：以"校长负责制"为特征的学校内部管理机制，由于学校办学自主权的欠缺，行政班子成员"能上不能下"，教师队伍"能进不能出"，学生参与学校管理严重缺席，导致"大锅饭"分配机制的形成……这是当前公办学校面临的共同窘境。

就学校内部运行而言，主要存在的问题是：决策层缺少相应的学术支撑，执行层疲于应付，执行力度不足，监督层在某些问题的考虑上缺少全盘意识。

一个学校的发展5%靠决策，95%靠执行。就现行学校的内部管理而言，存在的问题主要是从科室到年级组到班级战线很长，部门之间的协调有时会存在问题；管理机构相对庞大，且科室功能相对弱化。

完善学校内部治理结构有何方式

问题：完善学校内部治理结构的有效方式或工具有哪些？自己的学校又是如何实践的？

张雷：完善学校内部治理结构需要教育思想的正本清源，回到以学生为本的价值轨道上来：无论课程的设计还是课堂教学的实施，必须以每个学生为主体，即学生是主人、主角；教师因为学生的成长而发展，并获得职业幸福。从改变课堂入手，从学生出发重构学校的各种关系，应是学校内部结构治理的主要切入点。

昆山前景教育集团在课改潮流中，积极创新尝试学校内部治理结构的综合性改革，探索创新了董事会领导的校长团队负责制、中层管理者普选制、教师团队自主管理制、三级家长委员会评价制、专家领导的课题研究制、学生校长团队自主管理制等若干组织形式，初步形成了决策、执行、监督、评价的多元自主管理的体制机制，能够真正使"权力放到位，角色定好位，关系理顺位"，较好解决了教师职业倦怠、薪酬分配指向层次太低、评价层次单一等基础性问题。

高峰：传统意义上，学校的组织机构是以"管理"为中心来设计的，其目的是保证学校的平稳运行和教学质量。但是这样的组织架构在今天会遇到更多的问题。譬如现在的学校更需要教师团队的发展与合作，更需要整合所有资源推进课程的实施与落地，等等。

玉泉小学根据自身的情况，对学校组织重新进行了顶层设计和建构：以课程为核心，对决策、执行、反馈的组织运行和学术推进进行了重建。

一方面，将"组织运行"与"学术推进"分开。为保证教师全身心地围绕课程与教学这一核心工作，必须提供一个良好的学术研究环境，将"组织运行"与"学术推进"分开，管理系统的任务主要应对上级的硬性任务，学术系统则专注于课程的实施与研究，学校实行"两条腿"走路。

另一方面，在管理上将"年级"作为运行主体，弱化中层管理部门的职能，将更多的管理和运行放到级部。我们称之为将"火车头"更换为"动车组"。

尧勇：完善学校内部治理结构的有效方式需要包含以下几方面：一是形成科学有效的决策机制，二是引入社会力量参与学校管理，三是激发学生参与学校管理的内在要求。我们通过家长义工的方式，让自愿申请的家长参与学校管理。佩戴家长义工证的家长可以全天自由进出学校，参与学校管理。家长参与学校管理，帮助学校发展的同时，对学校有了更深入的认识，更加支持学校工作，自身也取得了发展，很好地形成了师生、家校共治共管的局面。

我们创造性地实行见习主任、见习部长制，见习主任、见习部长列席行政会议或专业部长会议。这为青年教师提供了很好的锻炼平台，我们还面向全体教职工设立了项目管理质量奖，鼓励教师在工作岗位上不断创新，创造效益。

张欣：完善学校内部治理结构是一项复杂的系统工程，任何单一的、机械的管理都是低效的，唯有注重多种管理的有机结合，才能实现学校内部治理结构的最优化。

完善学校内部治理结构，首先要求校长有魄力、有胸怀，把自己的权力关在笼子里。这个笼子，就是学校内部治理结构中的重要内容——考评。

我们在学校运行中实行"管、办、评"分离。"管"，由市教育局代表政府管理学校；"办"，由校长和校委会来主持办学。那么，谁在学校进行日常考评呢？我们的做法是学校党支部负责考评。这样，校长和校委会，就不用既当运动员又当裁判员。同时，中小学的党支部担此重任，还不用追加编制。

学校成立了一个考评中心，由校党委书记兼任考评中心主任，由党办主任任考评中心副主任，把散布在学校各部门的考评元素都归属或汇总到考评中心。我们试行了一个学期，取得了一定的成效。

如何借鉴企业管理经验

问题：在完善学校内部治理结构方面，学校如何学习、借鉴企业管理的先进经验？

张宏旭：完善学校内部治理机构，应该学习借鉴企业的先进经验。成功的企业中，决策团队和执行团队是相对分离的，决策团队的主要任务是面向市场快速、准确地做出正确的决策，而执行团队要精准地执行决策，无条件地落实到位。高效的决策系统和高效的执行系统是企业成功的关键，而学校的校长较少进行决策，更多的是推动执行。决策和执行相对分离有利于提高决策水平和执行效率。

在企业治理结构中，除了常设机构以外，还有很多项目组。项目组以目标为导向，人员精干，可以攻克一个又一个难关，出色地完成各项任务。学校的内部治理机构也可以借鉴企业的项目组，形成以目标为导向的项目组，这种机制能让学校焕发活力。

张雷：必须指出，学校与企业的本质区别在于两者的价值实现是完全不同的。企业的根本目标是盈利，人是盈利的工具或手段；学校的根本目标是人的发展，一切手段都必须指向人本身。

学校治理结构最应该以人为本，但人性化最缺失，这一点必须向先进的企业管理学习。

高峰：我们以建设"公平校园"为目标，借用企业管理中的"戴明环"理论，将学校运行分割为"决策、执行、反馈"几个层面，真正让全体教师成为课程实施的主人。譬如决策，不再是校长或学校领导班子决策，而是由全体教师公推出来的"教师决策团"最终决定学校的重大事项。这样做避免了决策的失误，真正让教师成了学校的主人。

沈海夫：教育管理＋企业管理＝现代学校管理。无论企业还是教育，人的作用至关重要。马云说，我们公司的资产就是人，阿里巴巴要坚守"客户第一，员工第二，股东第三"的原则。松下幸之助说，松下公司主要是制造人才，兼而制造电器。稻盛和夫说，利他本就是经商的原点，要以利他心度人生。我们从中明白了教育要创造感动、传递温暖、推动成长。教育的本质是服务，管理的服务对象首先是教师，教师的服务对象首先是学生。这就是我校"客户意识"的由来。

对校长提出了哪些新挑战

问题：完善学校内部治理结构还需要注意什么？完善学校内部治理结构又对校长提出了哪些新挑战？

张雷：最应注意的有两方面：一是明确办学价值，不同的办学诉求一定有不同的内部治理结构，对于有清晰明确的人文价值观的学校，内部治理结构一定是为每个人的发展提供各种可能；二是注意定位组织和人的角色，理顺组织与个人之间、组织内成员之间、团队与团队之间的关系。

李志欣：建设现代学校制度，明确指向"政校分开，管办分离"，这是最为重要的一点。政府应当是教育体系的建构者、教育公平的维护者、教育投入的保障者、学校运行和教育质量的监督者。

张宏旭：完善治理机构要避免出现过度强势的校长，过度强势的校长虽然在短期内有可能使学校获得超常规的发展，但是长此以往后果不堪设想。过度强势的校长会影响教师创造力的发挥，甚至损害教师的人格尊严，影响学校的和谐氛围。

沈海夫：校长要遵循学校文化传统，不能急也不能等，要照顾群体的接受程度，不能急于求成。学校核心文化的构建或学校的发展不应随校长的更替而发生方向性的改变。

张宏旭：校长处于学校的中心位置，完善学校内部治理结构，校长必然面临诸多挑战，也必须处理好这些挑战。首先，校长应由学校管理者逐步转变为学校的决策人，为学校发展确定学校章程、办学理念、发展方向，明确学校的特色追求，等等。决策人要逐渐淡出日常管理，培养合格的管理者，而不是自己亲自去管理。校长要避免使自己成为焦点，要搭建舞台,让别人去表演,自己退到幕后。其次,完善内部治理结构,就是要依靠制度和程序来推动工作。这时,校长依靠个人魅力实施管理的方式将受到挑战。校长要改变依靠个人力量推进管理的习惯,要尊重制度,逐渐习惯以制度管理人、以制度激励人的运行模式。再次,校长的管理权威将受到挑战。校长要自觉接受各方面的监督,要习惯在监督下进行决策。让监督成为常态,是校长必须面对的挑战。适应并主动接受监督是完善学校内部治理机构的必由之路。

张雷:完善学校内部治理结构对校长最重要的挑战有两方面:一是摆脱对教育的功利性追求,学校管理绝不是管控和强制,而是解放每一个人和发展每一个人;二是摆脱"官本位"束缚,还权于教师,还权于学生,正确定位校长、管理者、教师和学生的角色,充分相信师生。

李志欣:校长要把学术性与专业性强的权力,委托给专业管理人员。比如对教师业务能力的评价、教师职称的评定、学校课程的设置等,都需要由专业管理人员和教学权威人士来行使权力,而不应由学校行政权力包办。

学校与家庭教育格局如何重塑

对话嘉宾：

穆培华　河南省郑州市管城区教体局局长
陈鹏宇　亲子教育实战训练导师
董成权　家庭教育高级指导师

学校教育、家庭教育、社会教育三者是什么样的关系？

一个人在学校和社会上的表现源于他在家庭所受的教育，源于他所在家庭的关系模式。从这个角度看，家庭教育比学校教育和社会教育更重要。

青少年学生存在的人际关系不良、心智年龄偏低、网络使用过度、自卑、厌学、孤独、撒谎、懒散、意志力差等问题，都源于家庭，只不过是在学校里、社会上表现出来而已。

所以，如果不从家庭教育着眼、着手，中小学校进行的很多教育就会事倍功半。

围绕"学校与家庭教育格局如何重塑"，本次对话约请相关专家深入探讨，以期协助更多的校长提升认识、积极行动。

"二手人"是如何形成的

问题：我们很多人都是父母或者别人造就的"二手人"——过的都是父母或别人的人生。这样的"二手人"是如何形成的？

陈鹏宇：所谓"二手人"就是自己的心灵空间被挤占而失去了主观意志的人。每个孩子都是独一无二的，都是一个宏大的世界，都有属于自己的一套成长密码。可鲜有父母有耐心和智慧了解孩子的独特，他们总是根据自己的人生经验，告诉孩子什么是对的，让他去做；告诉孩子什么是错的，不让他去做。孩子为了生存，为了得到父母的爱，特别是在生命的初期，就会允许父母的"教导"进入自己的生命。当孩子不听话时，父母在情绪冲击之下的"教训"行为，比如吵、骂、打等，就会加剧孩子的恐惧，令孩子不再相信自己的直观、直感和直觉，而是根据父母的信念和价值观做出人生的选择。这些心灵空间被父母挤占的孩子，其精神领地在学校会轻易被老师侵占，走向社会会轻易被专家和老板侵占，而唯独不再相信自己的直觉和判断。"二手人"就是这样形成的。

穆培华：这个问题，需要辩证地看，一方面，我们得承认，任何一个人的成长都会遇到生命中的"重要他人"，这个"重要他人"的影响对我们的一生至关重要。一般来说，父母毫无疑问地最有条件和机会成为这样的"重要他人"，因此，很多孩子看起来就像父母的"复印件"。从这个角度讲，父母要想把孩子教育好，最重要的就是做好自己。然而，在当下，父母缺位的情况相当严重，这样的父母自然也就失去了成为孩子生命中"重要他人"的机会。本来，在这样的情况下，优秀的教师在某种程度上也可以成为学生生命的"重要他人"，然而，在应试教育背景下，能够成为孩子生命中"重要他人"的教师也越来越少了。

另一方面，父母尽职尽责，给孩子做好示范引导，并不意味着让孩子重复自己的命运，或者代替自己实现自己的理想。每个孩子都有他独特的一面，每个孩子都是这个世界上独一无二的个体。父母可以示范引导，但更重要的是发现，发现孩子的特点，发现孩子的兴趣点，发现孩子的"自我"，而不是把孩子"雕塑"成父母的样子，也不是把孩子"改造"成某一个优秀人物的样子，更不能把孩子交到"铸币工厂"一样的学校，按照统一的标准塑造成"标准化产品"。我们需要做的是让孩子"还原"，"还原"成为他应有的样子，成为"最优秀的自己"！

家庭教育的突出问题是什么

问题： 当前，中国家庭教育存在的突出问题是什么？解决的策略与方式是什么？

董成权： 家庭教育存在的突出问题有三：第一，家长片面追求经济收入，忽略子女的成长陪伴，造成孩子的身心焦虑问题。他们或者表现在内隐上，不善言语，不能与人正常沟通，内心压力无处宣泄；或者表现在外显上，生活无秩序，不懂得与人正常交往，不能正常完成学业。第二，家长过度重视知识教育，忽略孩子人格的完善，造成孩子的成长危机。孩子生活能力欠缺，自信心受伤，不能全面地思考问题，鲁莽、冲动、易走极端。第三，评价机制单一使得孩子在心灵发展方面很受伤。如同人们对于成年人是否成功的评价标准是经济收入的高低，对于孩子的评价就是考分的高低、考试排名的前后，这种单一的评价机制已经不能适应社会发展对人才的需求。

陈鹏宇： 中国家庭教育存在最突出的问题是：过多地强调了教育理论和方法的学习，而忽略了对教育规律也即教育之"道"、教育之"本"的追寻。

花是需要"浇"的，当你不知道花什么时候需要浇时，你知道浇花的方法越多，越努力地浇，浇死它的可能性就越大；孩子是需要"教"的，当你不知道孩子需要你教什么时，你知道教孩子的方法越多、越努力地教，教出问题的概率就越高。家长都很关注"怎么教"的问题，其实我们更应该追问：为何教？谁来教？教什么？何时教？何为教？这几个问题哪一个都比"怎么教"重要，哪一个没搞明白，再好的方法都可能是教育伤害。

解决的方式是由学校组织家长系统地学习，令家长反思教育行为，转变教育观念，了悟教育真相，增长教育智慧。妈妈学会"养育"孩子，爸爸负起"教育"责任，家校共建，才能培养出有"教养"的孩子。

穆培华：教育是一个体系，包含自我教育、家庭教育、学校教育、社会教育等诸多方面。中国教育的落后，首先是理念的落后。因此，解决这一突出问题的策略，只有一条，那就是发动一场"革命"，一场理念上的、思想上的、文化上的"革命"。"革命"并不都是危险的。为了我们的孩子，为了我们的家庭，为了我们的国家，为了我们的民族，我们号召全体家长（其实也就是全体国民）发动一场关于"什么是正确的教育"的全民大讨论，进行全民反思。只有所有的家长都清醒了，都有改革的欲望和诉求，才会产生强大的"倒逼"力量，来推动学校、政府、体制的改革和创新。这一点，在很多国家都有鲜活的例子。我认为，教育的"主战场"在家庭，而不在学校；中国教育改革的"突破口"是家庭教育，而不是学校教育；中国家长觉悟了，教育的春天才可能真正到来。

什么是家庭教育的真相

问题：什么是家庭教育的真相？

董成权：今天人们普遍把家庭教育理解为家长对孩子的教育，这种理解是错误的。生活中，家长也有不会、不懂的地方，也需要学习，可以向孩子请教。因此，家长也有必要向孩子学习。

穆培华：我是这样定义家庭教育的：家庭成员之间的相互影响和自我成长，让每个成员都成为最好的自己。之所以这样讲，我想规避几点：一，家庭教育，绝不仅仅是家长教育小孩，小孩子需要向大人学习，大人也需要向小孩学习。二，家庭成员有多有少，家庭成员可以不仅仅是父母和孩子，多代同堂的家庭事实上更有利于孩子的社会化发展和健康成长。三，所谓的教育，代替不了孩子的自我成长，孩子不能"被成长"，正确的教育是引导孩子自我成长。四，家庭教育的目标，不能功利化，当前大多家庭教育的目标都是直指功利的，要么考学，要么当官，要么发财，要么有出息。其实，家庭教育的目标有三个层次：一是成"人"，二是成为"自己"，三是做最好的自己。

陈鹏宇：家庭是让孩子成"人"的地方，学校是让孩子成"才"的地方，家校合力，才能把孩子培养成"人才"。而"人"是各种"关系"的总和，所以家庭教育的真相，就是父母要处理好和孩子的亲子关系、相互之间的夫妻关系、和自己的自我关系。先有关系后有教育，关系就是教育。

父母的教养方式影响着和孩子的亲子关系。和妈妈关系和谐的孩子心会很"安"，和爸爸关系和谐的孩子神会很"宁"，心"安"神"宁"的孩子就会很"静"，静能生慧。现在很多中小学生坐不住，学不进，坐卧不安，心神不宁，就是和父母的关系出了问题的表现。

父母之间的关系品质直接影响着孩子的生命状态。爸爸是天，妈妈是地，生而不养，"天昏地暗"；父母斗争，"天摇地动"；父母离婚，"天崩地裂"；父母冷战，"天寒地冻"。

父母各自的生命状态透过和孩子的点滴相处，被孩子消化、内化，从而转化出打着父母烙印的思维模式、行为模式和情绪情感模式，影响孩子一生。

所以父母教育孩子的过程，就是透过自我成长，改善亲子关系、夫妻关系，从而支持孩子成长的过程。

怎样升级家长学校

问题：对于家庭教育存在的问题，很多学校都在通过开办家长学校等方式尝试解决。当前中小学所开办的家长学校主要存在哪些问题？中小学所开办的家长学校应当如何改进、升级，以有效提升家长的教育素养？

董成权：根据教育行政管理的要求，各级各类学校都设立了家长学校，但是因为缺少能够开展工作的家庭教育指导教师，家长学校的工作没有得到实质性的开展，多数学校也只是在学期初、学期末象征性地组织家长在教室里听班主任对一个学期总体工作的要求或者总结，有的甚至成为学生的批斗大会，这种形式的家长会非但没有解决问题，反倒激化了亲子之间的矛盾。

陈鹏宇：很多家长学校在提升家长的教育素养方面，形同虚设。之所以出现这样的局面，主要是因为没有真正意识到家庭对孩子的影响到底有多大。

学校是放大家庭对孩子影响的地方。孩子在家里被错误教养，在学校就会有各种不良表现，教师如果没有通过家长学校的学习改变家长的教养方式，而是一味地改变孩子的行为，就会为家庭的错误"买单"。很多教师受到学生的伤害就是血的教训。

学校除了做好常规教学管理工作以外，还有一项更重要的工作要做，那就是把学生的父母，这一更重要的教育力量吸纳到这个教育团队中来！

谁先把家长的教育培训系统做好，谁就会率先摸索出当前形势下适合学校的教育模式来!

穆培华：家庭教育让学校去做，是在犯老错误。教育，不能只交给学校做，家庭教育更不能。教育问题应该系统解决，也就是说，解决家庭教育问题，不能独立于其他教育问题之外去解决。怎么解决？我比较欣赏华德福教育的做法。华德福教育推崇的教育方式或者叫发展方式，不是简单地用办一所学校的方式来解决教育和发展的问题。华德福教育体系实际上是把孩子的自我教育、家庭教育、社区教育、社会教育等有机地统一起来，如果非要用"教育"这个词来概括的话，那也可以说是一种全方位的教育体系。这个时候，你会发现，我们无法把家庭教育分出来，无法把学校教育分出来，无法把社会教育分出来。怎么分？家庭即学校，生活即教育，学校即生活，教育即生活，家庭即社会，学校即社会，社会即学校，生活即学校……整个都融为了一体。套用一个农业概念，这才是孩子们的"有机生长方式"!

穆培华：根据对我们区家庭教育进修学院的构想，我认为中小学的家长学校要建设好，须抓三个关键。一个是理论体系，现代教育有两大支撑和一个瓶颈。两大支撑是生理学和心理学。一个瓶颈是脑科学，尽管有不少成果，但还须慎重。解决这个问题，须向古人请教，很多正确答案在原点；须向西方人请教，他们比我们发展得早；须在实践中积累，照搬照抄永远念不到真经。二是课程和教材。三是师资，谁来讲，人才太缺乏。所以，基层学校要抓好家庭教育，比较难办。家庭教育问题和国民素质提升问题从本质上是一回事，我们完全可以上升到国家战略层面，举全国之力，借全球之力，用最先进的、最科学的理论体系编写权威教材，把家庭教育专业人才纳入国培计划。

留守儿童教育问题如何系统解决

问题：伴随着工业化的进程和社会转型，农村出现了大量留守儿童，他们常年见不到父母，得不到父爱和母爱的滋养。这样的留守一代必将带来各种各样的社会问题。我们应当如何系统解决留守儿童的教育问题？

穆培华：这个问题让人非常痛心。以人为本，得懂人性，否则，必然是空谈，懂人性，首先得懂孩子。在孩子小的时候，父母不能陪伴，这其实是非常缺乏"人性"的，这话听起来可能有点刺耳，但一点也不过分。说得极端点，这个时期的孩子甚至可以不上学，但不能离开父母的陪伴，父母的陪伴对他们来说比上学要重要得多。系统解决留守儿童问题，应该立法，不能尽到父母职责的，就取消他们的抚养权。当然，所有的问题都不能从体系中拎出来单独解决，农民的收入问题，农村孩子受教育的权利问题，农村学校薄弱和"空壳"问题，都要有一个系统的解决方案，只有综合性的方案才能解决留守儿童问题。其实，除了留守儿童，跟着父母到城市里念书的外来务工人员的子女也值得关注。他们虽然来到城市，但受生活条件所迫，生存状况也不容乐观，在和城市孩子共同学习的过程中也会遇到很多困难。将来，他们是留在城市，还是回到农村，命运也面临很多变数，长此以往，也会有很多问题。总之，这个问题再次说明，教育问题不能从政治经济社会体系中单独拎出来解决，教育必须成为国家战略，全方位推进改革。

陈鹏宇：留守儿童问题不是单单教育能解决的问题。它牵涉很多国计民生政策的设计。怎样缩小城乡差距，怎样增加农民收入，怎样维护底层人群的生命尊严，是减少留守儿童的关键。现今的户籍制度，城市学校的容量，甚至交通成本、住房成本都是解决留守儿童问题的障碍。

怎样让留守儿童和父母团聚是首要问题，然后是让父母学习负起教养孩子的责任，其他的都是治标不治本。

如何应对中小学育人新挑战

"育人之道"第六届京师基础教育创新论坛暨2015年北京师范大学基础教育合作办学工作会在北京师范大学福清附属学校召开。来自国内外的教育领域专家，全国十余省市政府领导，北师大合作区域及学校校长、教师近700人参加论坛。

推进教育治理现代化

"教育综合改革走向深处，学校的管理水平直接关系到办学质量。"在报告中，北京师范大学校长董奇分析了中小学育人面临的新任务、新挑战。他指出，在教育领域落实"推进国家治理体系与治理能力现代化"，就是要推进教育治理现代化。

董奇提出了教育管理创新的6条途径：从部门中心转向学生中心，从知识中心转向育人为本，从重管理转向管理与服务统一，从关注投入转向关注效益，从经验管理转向科学管理，从封闭性行政管制转向公开民主管理。

"要想提升育人能力，必须重视学校心理环境建设。学校心理环境的好坏与投入多少、教师学历高低没有必然联系。"董奇说，"现在学校的物理环境、硬件条件都得到巨大的改善，有的学校条件远远超过一些发达国家。但我们的心理环境怎么样？许多数据表明，一些发达地区硬件条件超好的学校，心理环境可能并不好。"

在呼吁重视学校心理环境建设的同时，专家认为，要提升育人水平，还必须协助家长一起成长。北京师范大学心理健康与教育研究所所长边玉芳表示，学校要帮助家长读懂孩子行为背后的原因，学会分析孩子行为背后的内容和需求。"中国孩子把网络当成玩具，而不是工具，这是非常可怕的。"边玉芳说。

靠什么成为民主教育家

做民主的教育家，这既是时代的召唤，也是学校实践的要求。在"做民主的教育家"讲座中，北京师范大学教育学部部长石中英教授指出，当前的民主教育实践还有很大的改进空间，课堂和学校生活中不民主的现象还时常出现。民主的教育家应该具备民主、自由、平等、公正、法治等核心品格，"绝不向某些势力低头，因为你有教育家的风骨"。

石中英还提出，要完善学校的民主制度，与一切反民主、伪民主的现象做斗争。为什么在一些学校的教职工代表大会上，代表们的参与率低、体验度低、关注程度低？他认为，根本原因在于教职工的民主权利没有得到尊重，没有得到保护。

怎样成为民主的教育家？石中英认为，首先要重新思考教育或办学的目的。在教育教学中传递知识、训练技能、发展思维等都正确，但最重要的是用这些为民主的社会服务，为建设全新的中国服务。

"一所民主的学校应该是向学生问计的学校，校长、教师要走进孩子，走进他们的生活，了解他们的困难，掌握他们的需求，感受他们的感受。"石中英说，"教育家在处理任何与教师、学生有关的问题上，首先想的一定是怎样有利于教师、怎样有利于学生，而不是树立自己的权威。"为此，他呼吁校长要做民主行动的普及者、民主行动的示范者，按照民主的理念改造学校，把造就民主的公民作为毕生使命。

当教育走向深处

教育事业需要价值观的引领。北京海嘉国际双语学校理事长王伟考察过美、英等国最好的中小学，他发现这些学校的校训没有一个指向能力，而都指向价值观。"西方有一所名校的墙上刻的是牺牲的校友，而不是培养出来的总统，因为该校所追求的是家国情怀。"王伟说。

王伟认为，不管是什么样的企业、什么样的学校，最后支撑它们在漫漫长夜中不断前行的力量，一定是伟大的价值观。而这种伟大的价值观所承载的是高尚的灵魂，灵魂的高下也是人与人之间最根本的差别。

在中国关心下一代工作委员会专家委员会副主任林格看来，学校仅有价值观还不够，必须把价值观转化为办学理念，转换为具有实践意义的方法论体系。

教育要走向深处，校长必须要有自己的价值观和定力。只有如此，教育才不会走偏。北京广渠门中学校长吴甡认为，校长不能追求浮华。"一个校长的定力在于不被外界所忽悠。许多事情校长改变不了，但校长能改变自己在学校里的所作所为，能选择按教育规律办事。"吴甡说。

吴甡还认为，课程就是学校、校长实现办学思想和育人目标的手段。课程不是教材。国家给的课程是原料，学校需要对课程再造，"这就好比国家给你米，你需要做成米饭、米粉、米糕给孩子吃"。

促使教育走向深处，还需要有考试变革的跟进。未来高考要考什么？在林格看来，未来高考要考良好的内心秩序，要考文化底蕴是否深厚，要考思维方式是否深刻，要考学生是否具有良好的学习和生活习惯。"只有培育出这样的人才，才能真正掌控未来三十年。"林格说。

校本课程开发亟待升级思维

由华东师范大学课程与教学研究所、上海真爱梦想公益基金会共同主办的首届"真爱梦想杯"全国校本课程设计大赛颁奖典礼暨学术研讨会,在上海成功举行。来自全国"梦想中心"的校长教师代表、获奖单位代表、基金会捐赠方代表、部分教育局领导、大赛专家评委200余人相聚一堂,共同探讨了校本课程开发的道与术。

本届校本课程设计大赛共收到1752件作品。专家评审委员会共评出特等奖10名、一等奖20名、二等奖30名、优秀奖80名、组织奖10名。

"剩者为王"带来的挑战

跨界是本次会议的最大亮点。颁奖典礼之后,参与"课程·教育·人"高峰论坛讨论的嘉宾,既有企业家,又有教育专家,还有基层校长。

教育应该为企业输送什么样的人才?对此,苏宁电器有限公司副董事长孙为民提出一个关键词——"剩者为王",即最优秀的人不一定能成为企业的中坚力量,能成为企业中坚力量的往往是那些有意愿、有定力、有毅力的人。

"什么因素能让人最终剩下来？就是一个人的定力、精神，所以，学校教育最核心的东西还是价值观。"孙为民以世界著名的圣家族大教堂为例进行了说明，该教堂始建于1882年，到目前为止已经建了130年，但要完工还需要40年。"在漫长的建设过程中，建设者为什么不绝望？这就是价值观的问题"。

企业发展离不开团队和创新，而团队和创新是与价值观密切联系在一起的。"最好的团队是军队，把一帮怕死的人组合在一起，大家就不怕死了，这就是团队。"孙为民说，"企业的竞争是残酷的，对企业而言，创新很重要。企业有不创新死的，也有创新死的。所以企业创新要追求有效创新。"

作为跨国公司怡安翰威特大中华区总裁，刘渊对全球人力资源有着深入的研究。

他对中外年轻就业者所做的调查表明，中国大学生中，想成为管理者、领导者的比例远远高出国外，希望在工作中有自主、独立空间的极高。但令人不可思议的是，愿意独立面对压力和智力挑战的却远远低于国外。"这个被中国教育忽略的重要问题"，让与会者陷入了深思。

站在企业用人的角度，刘渊分析了年轻就业者的一个致命短板：企业要求员工关注客户，但现在的学生在这方面很欠缺。很多学生自己很能说，但不能也不会听别人说，不怎么关注别人的立场。"这样的人就不适合去谈判，因为谈判是需要相互妥协的。"

上海真爱梦想公益基金会理事长潘江雪在大会的主题报告中，从另外一个角度对以上问题进行了呼应：一份中国财富调查报告表明，中国亿元资产以上的民营企业家中，有27%的人已经办了移民，有47%的人正在办移民。这些民营企业家办理移民有三大原因，而排在第一位的是为了让孩子接受更好的教育。"中国把GDP的4%投入教育的结果是，74%的精英阶层要离开我们，要离开这个国家，去选择一个更好的教育。"

在报告的结尾，潘江雪播放了汪峰的歌曲《存在》：谁知道我们该去向何处，谁明白生命已变为何物……谁明白尊严已沦为何物……我该如何存在？

"别人走了，我们不能走。这是我们的国家，我们生存在这里，我们必须彼此联结。我不走，因为这是我的家；你们不走，因为这是我们共同的家。把彼此的梦想相连，我们就能触动改变，而这就是我们彼此存在的证据。"潘江雪的真情演讲和担当精神深深感染了现场的每一个人。

能否开发提出问题的课程

华东师范大学课程与教学研究所所长崔允漷教授，回应了"教育应该为企业输送什么样的人才"的问题：18岁之前到底给学生什么？企业对人才的要求只是教育的一个方面而已。教育是复杂的，因为牵涉到多方的利益。

"学校有更好的课程，学生才能有更多的幸福。"在崔允漷看来，学生对幸福的追求其实很简单、很具体，比如不要半夜起床，上午8点钟才到学校，等等。学生不幸福的主要原因是经验性的教育太多，课程就意味着教材、考试、做不完的作业，学生要学的课程太多，成人喜欢的课程太多，学生自己喜欢的课程太少。"人要幸福，必须要生得有意义、活得精彩，不能做只有'生'、没有'活'的教育。"

谈及创新能力培养时，崔允漷提出，可不可以开发一门提出问题的课程，"从一定程度上讲，提出问题的能力比解决问题的能力更重要，提出问题的能力是老板的能力，解决问题的能力可能是打工仔的能力"。

不要以为懂教育就懂课程

"不要以为懂教育就懂课程,课程是教育专业化、科学化的产物。教育的历史基本上是与人类历史同步的,而课程只有100年的历史。课程是科学,课程的问题需要专业共同体来解决。"崔允漷的提醒在大赛作品分析环节得到了验证。

虽然本次大赛明确说不受理以国家课程的学科课程命名的校本课程,比如"语文校本课程""英语校本课程"之类的作品,但仍然收到了不少这样的作品。这样的校本课程以及学科竞赛类的、违背政策补习国家课程的校本课程,基本没有进入评审环节。

对此,华东师范大学课程与教学研究所胡惠闵教授给出了理由:从理想与现实的角度可以把课程可分为两类:一类是理想的课程,一类是正式课程。前者是对人才培养规格的定位,后者可理解为课堂上正在教的学科课程,一般被分为选修课程和必修课程。现实中,正式课程的实施往往与理想课程的定位有比较大的距离。为了缩短这个距离,就需要开发、实施校本课程来辅助正式课程,以接近理想课程。因此,校本课程主要是社会性课程,而不是学科课程。所以,本次校本课程设计大赛,凡是和正式课程相差不大的,基本上不纳入评奖范围。

华东师范大学课程与教学研究所吴刚平教授代表评审委员会对作品进行了点评。

吴刚平强调,校本课程开发必须基于政策。有校长在大会自由发言时谈到,他们减少了思想品德课程的课时来上梦想课程。对此,吴刚平说:"这样的表述是很不准确的,你本意是梦想课程可以成为思品课程的课程资源。所以,你不存在改动国家课程的问题,你是在更好、更有创造性地实施国家课程。"

课程目标存在的问题主要有三类：一是目标太大，空话多；二是目标和教学内容、教学方式脱节；三是表述不规范，主要在表述教师做什么，几乎没有从学生的角度考虑学生做什么。

对此，吴刚平指出，课程目标有三个关键词：第一学什么，第二学到什么程度，第三在什么条件下以什么方式开展学习。课程目标的主体是学生。课程内容必须与课程目标相匹配，教学方式应该更加多样、活泼。

对于基层校长、教师普遍关心的校本课程如何落实"三维目标"的问题，吴刚平特别强调，"三维目标"不是"三类目标"，不是在具体的一次活动上体现出来的。过程与方法、情感态度与价值观目标的实现，主要是通过目标的第三个要素——条件与方式来实现的。学生自主学习的过程就是落实过程与方法的过程，学生合作、参与、体验的过程就是落实情感态度与价值观的过程。

校本课程不能在"讲授"上演绎

既然校本课程的定位是社会性课程，那么校本课程的实施方案不应该是教案，而应该是一种行动方案、活动设计。

在胡惠闵看来，校本课程与学科课程的最大区别是：校本课程一开始就应该是学习活动，而不是教学活动，而学科课程主要是教学活动。作为一种学习活动，校本课程千万不能在"讲授"这条线上演绎，而要在"自主"这条线上演绎，一定要突出自主探究。"教师要做的不是背着、抱着学生走，而是看着学生走，又不能让学生走错，所以教师必须在学生走到十字路口时，准备好足够的课程资源。"

胡惠闵认为，现在知识学习最主要的问题在于，用不恰当的方式在开展学习。所以需要特别关心在什么条件下，以什么方式开展学习。"是老师直接告诉学生答案,还是提供材料让学生读并总结出答案,或是让学生通过做实验来思考、总结出答案,这就是实现课程目标的条件与方式。"

"我们习惯于用简单的方式学习困难的知识,而西方习惯于用困难的方式学习简单的知识。"在胡惠闵看来,校本课程的实施如果是用最简单的方式学习最难的内容,那就失去了意义。所以,校本课程应该用困难的方式来学习简单的内容,也就是要真正转变学习方式。正因为如此,校本课程的价值和生命力很大程度上不在于内容,而在于学习的条件与方式。所以,校本课程的好坏,不在于编写了多少本教材。校本课程一开始就应该是学习活动,而不是教学活动,课程主体应该是学生。活动方案中,教师应该退出主舞台。

本次校本课程设计大赛的参选作品中,有相当一部分的评价设计是以纸笔测验为主的。"这是应该注意的,因为很容易回到学科课程上。校本课程的评价应该淡化纸笔测验,代之以表现性评价和过程性评价。表现性评价主要以作品展示的方式来评价,过程性评价注重学生参与活动的体验。"胡惠闵说,"校本课程是对国家课程的补充、调节、拓展。如果把校本课程当成不考试的国家课程,那一定是失败的。"

身体学习是最好的学习

校本课程怎么开发?教师如何专业成长?在点评校本课程案例时,华东师范大学课程与教学研究所刘良华教授提出了三个关键词。

第一个关键词是"劳动"。刘良华认为,校本课程开发要考虑如何让孩子劳动。一种手工劳动就是对孩子身体和智慧的一种拯救。"中国有个词叫心灵手巧,我更愿意把这个词变成手巧心灵。人一旦经历手工,就会变得聪明。所以,我推荐个词叫'上手学',所有的学习都应该让孩子有身体感，有实际操作。"

第二个关键词是"身体学习"。在刘良华看来，无论开什么样的校本课程，无论学什么知识，如果能让孩子用身体学习，那就是最好的学习。"所有知识学习的秘密都隐藏在技能学习之中，所有技能学习的秘密在于'授人以渔不如由人以渔'。"由人以渔就是让人自己去钓鱼。钓鱼的方法是不可教的，最好是由钓鱼者亲自体验。渔王的儿子未必会钓鱼。

他认为，不仅是技能的学习，数学的学习也需要用身体学习：比如编数学口诀、搞数学操作、做数学实验等。

对于有些校长"校本课程是先学后做还是先做后学"的问题，刘良华说："我对建构主义深信不疑，几乎所有的知识都需要建构，所有的知识都需要探究。有人说，'中国的首都是北京'这要不要探究？把这个知识记下来，和去北京旅游一次，这两种方式得到的知识是完全不一样的。所以，我总是不遗余力地鼓励校长和教师推动学生自学。"

由此，他进一步提出："教师专业成长的重点不在于教师，而在于学生，也就是说，教师专业成长的重点是让教师推动学生成长。研究儿童，研究儿童学习，就是教师最好的专业成长。"

第三个关键词是与身体学习相关的"直觉教育"。刘良华认为，成人要敬畏、欣赏儿童的学习。当成人不知道学习有什么秘密时，就去看看儿童是怎么学习的。"儿童是成人之师"，"儿童为什么是成人之师？因为儿童纯粹，儿童天真无邪。"

"最好的学习，不是老师教，而是儿童间相互学，是伙伴之间相互观看、体验。教师的责任就是把儿童召集起来。"刘良华说，"孩子需要重返乡土，如果我办一所学校，我一定要让孩子有时间光脚走路，接触泥土，让孩子亲近土地。我一定不会让学校的操场变成塑胶跑道，而要让操场上长出小草。"

图书在版编目（CIP）数据

重新定义学校/王占伟著.—济南:山东文艺出版社，2018.7
ISBN 978-7-5329-5626-5

Ⅰ.①重… Ⅱ.①王… Ⅲ.①学校管理—研究 Ⅳ.①G47

中国版本图书馆CIP数据核字(2018)第097442号

重新定义学校

王占伟 著

主管单位	山东出版传媒股份有限公司
出版发行	山东文艺出版社
社　　址	山东省济南市英雄山路189号
邮　　编	250002
网　　址	www.sdwypress.com
读者服务	0531-82098776（总编室）
	0531-82098775（市场营销部）
电子邮箱	sdwy@sdpress.com.cn
印　　刷	山东德州新华印务有限责任公司
开　　本	710毫米×1000毫米　1/16
印　　张	17.75　插页/2
字　　数	230千
版　　次	2018年7月第1版
印　　次	2018年7月第1次印刷
书　　号	ISBN 978-7-5329-5626-5
定　　价	36.00元

版权专有，侵权必究。如有图书质量问题，请与出版社联系调换。